これならできる！ みんなの教科書

ソーイング
きほんの基本
Sewing * Basic basics

監修 ◆ 水野佳子

CONTENTS

はじめに …………………………………………………… 4

Part 1 道具と材料 …………………………………… 5

道具と材料 ………………………………………………… 6
布について
　素材、部位の名称、地直し ……………………………… 10
接着芯について
　接着芯、伸び止めテープ ………………………………… 12
まち針の打ち方 …………………………………………… 14
しつけのこと ……………………………………………… 16

Part 2 まずは手縫いをマスター ………………… 17

手縫いの針と糸
　手縫い糸、手縫い針、針と糸の選び方 ………………… 18
手縫いの基本
　針に糸を通す、玉結び、縫い始め、縫い終わり、玉止めなど …… 20
基本の縫い方
　並縫い、本返し縫い、半返し縫い ……………………… 24
身近なものを縫ってみよう! ……………………………… 26
　Lesson.1　ぞうきん
　Lesson.2　ランチョンマット
　Lesson.3　ふきん
ボタン、スナップ、ホックのつけ方 ……………………… 28
まつり縫い
　流しまつり、たてまつり ………………………………… 34
身近なものを縫ってみよう! ……………………………… 35
　Lesson.4　スカートの裾をまつる
　Lesson.5　巾着
　　綿レースの巾着、わ裁ちの巾着、玉レースの巾着 ……… 36

Part 3 ミシンを使ってみよう ……………………… 41

ミシンについて
　ミシンの種類、ミシンの針と糸 ………………………… 42
ミシンの各部名称と役割 ………………………………… 44
下糸の準備 ………………………………………………… 46
上糸の準備 ………………………………………………… 48
基本の縫い方
　姿勢、直線縫い …………………………………………… 50
気をつけたい縫い方
　角、曲線など ……………………………………………… 52

縫い代の始末
ジグザグミシン、捨てミシン、端ミシン、縫い代を割る、
縫い代を片返しにする、二つ折り、三つ折り、完全三つ折り、
袋ぬい、割り伏せ縫い、折り伏せ縫い ……………………… 54

縫いにくいときの対処法 ……………………………………… 58

まだまだある ミシンの困った！を解決します ……… 60

Part 4 縫う前の準備＆部分縫い …………… 61

型紙と裁断
- サイズ選び …………………………………… 62
- 型紙の写し方 ………………………………… 63
- 縫い代のつけ方 ……………………………… 64
- 裁断の前に …………………………………… 66
- 裁断する ……………………………………… 67
- 印つけ ………………………………………… 69

部分縫い
- タック ………………………………………… 70
- ピンタック …………………………………… 71
- ダーツ ………………………………………… 72
- ギャザー ……………………………………… 73
- バイアステープをつくる …………………… 74
- 縁どり（パイピング） ……………………… 76
- ひも通し口をつくる ………………………… 78
- ゴム通し口をつくる ………………………… 79
- ファスナー …………………………………… 80
- レースをつける ……………………………… 82
- パイピングテープをつける ………………… 83
- ひもをつくる ………………………………… 84

Part 5 つくってみよう！ ……………………… 85

- **ⓐ** マチつきトートバッグ …………………… 86（94）
- **ⓑ** 裏布つきトートバッグ …………………… 87（98）
- **ⓒ** ペットボトルホルダー …………………… 88（104）
- **ⓓ** ポーチ ………………………………………… 89（108）
- **ⓔ** 裏布つきポーチ ……………………………… 89（111）
- **ⓕ** ラウンドネックのチュニック …………… 90（114）
- **ⓖ** スクエアネックのチュニック …………… 90（118）
- **ⓗ** 七分丈パンツ ………………………………… 92（123）
- **ⓘ** 子どもパンツ ………………………………… 93（120）

＊（　）内は作り方ページ

索引 ……………………………………………… 126

はじめに

最後に針と糸を手にしたのは……

コートのボタンが取れたとき。
スカートの裾がほつれたとき。

作るというより、
必要に迫られて縫うことの方が多くなっているかもしれません。

何か縫ってみたいけど自信がない、
今さら誰に聞けばいいのか分からない、
不安が多いほどなかなか始める気にはなれないと思います。

本書では、家庭科の授業で習ったような手縫いから、
ミシンでの服作りまでを写真で解説しています。

買ったままのミシン、
押し入れで眠らせておくのは勿体ないですよ！

しまったままの裁縫箱、是非もう一度開けてみてください。

あらためて、一から見て知るのも楽しいはず。

大人の家庭科、始めませんか？

水野佳子

Part 1 道具と材料

道具と材料

ソーイングの道具にはさまざまなものがあります。
まずは、基本の道具を揃え、少しずつ必要な道具を買い足していきましょう。

縫い針と糸以外の 基本の道具

◆ まず必要なのは針と糸（p.18、43参照）。これさえあれば縫えます。
ここでは針と糸以外に常備したい道具を紹介します。使い勝手のよいものを選びましょう。

ピンクッション
まち針や手縫い針などを刺しておくもの。針はテーブルにそのまま置いたりせず、必ずピンクッションへ。

まち針
重ねた布をとめるときに使う。頭がガラス製など、アイロンをかけたときに溶けない耐熱性のものがおすすめ。p.14参照。

チョークペンシル
鉛筆タイプのチョークで、使いやすい。白は濃い色の生地のときに。

糸切りばさみ
細かい部分の作業に使う、糸を切るはさみ。

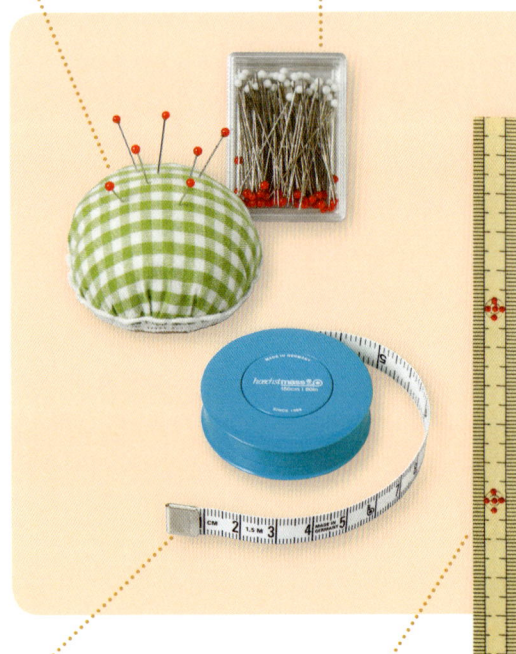

メジャー
体のサイズを測るなど、主に立体のものの寸法を測るときに使うテープ状のものさし。

竹定規
熱にも強い小さな竹定規。折り代を測るときなどにあると便利。10、15、20cmがある。p.55参照。

目打ち
先のとがった金属製の道具で、縫い目をほどくとき、ミシン縫いで布を押さえるとき、穴をあけて型紙の印を写すとき、縫った角をきれいに整えるときなど、いろいろな用途で使える。p.60、69、105参照。

裁ちばさみ
布を切るためのはさみ。持ちやすく、自分の手に合うものを選んで。p.68参照。

はさみを使うときの注意点
1つのはさみを多用すると切れ味が悪くなるので、布用、紙用とそれぞれ専用のはさみを使い分けます。また、刃を傷める原因になるので、落とさない、空切りはしない、濡らさないように。切れ味が悪くなったら、専門業者に研いでもらいましょう。

「型紙づくり」と「裁断」に使うもの

◆ 実物大型紙を写したり、印つけや布の裁断にあると便利なものです。

方眼定規
透明な定規に方眼の目盛りがついているもの。ソーイング用の方眼定規は端から目盛りがついているのが特徴。型紙に縫い代をつけるとき、特に便利。30～50cmくらいの長さがある。

ハトロン紙
下が透けて見える薄い紙で、実物大型紙を写すときに使う。ロールタイプと折りたたまれているものがあるが、折り目がないロールタイプが扱いやすい。使う前に反対に巻いておくと巻きぐせがとれる。ザラザラしている面に写す。p.63参照。

ウエイト
紙や布がずれないように押さえるもの。型紙を写すときや布を裁断するときに使う。2～3個あるとよい。

三角チョーク
なめらかで描きやすい印つけ用チョーク。カッターなどで縁を削いで使う。

ロータリーカッター
先端にある丸い刃を回転させてカットする。はさみと違い、布を置いたままカットできるので、ずれずに裁断できる。刃が小さいものは細かい部分のカットに使いやすい。p.67参照。

ルレット
印を布に写すときにチャコペーパーとセットで使う。ルレットだけで印をつけることもできる。p.69参照。

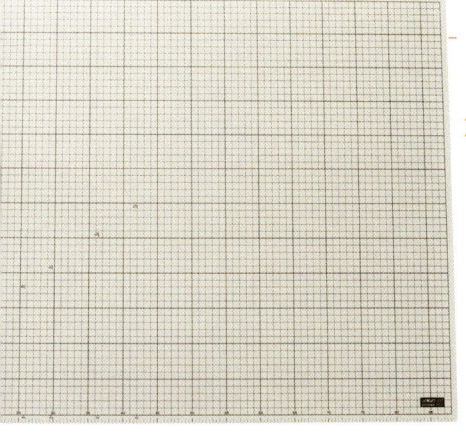

カッティングマット
ロータリーカッターを使うときに下に敷くもの。p.67参照。

チャコペーパー
布に型紙の印や線を写すときに使う複写紙で、ルレットとセットで使う。両面タイプと片面タイプがあり、左右対称に写すときは両面タイプを布と布の間にはさむ。カラーは布の色柄に合わせて選ぶ。p.69参照。

その他の道具と材料

◆ あると作業がしやすくなるものです。

指ぬき

運針（並縫い）をするときに手縫い針の頭を当てて使うもの。金属製のものと革製のものがある。p.22 参照。

水性チャコペン、消しペン

水性チャコペン（上）は、自然に消える（2〜10日くらい）印つけ用のペン。間違えたときや部分的に消したい場合は、水か消しペン（下）を使って消す。

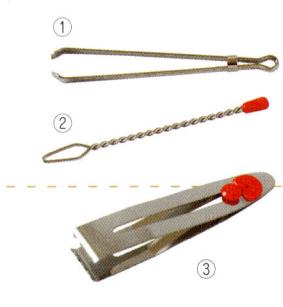

ひも通し、ゴム通し

袋口やウエストなどにひもやゴムを通す道具。通す箇所、通すものの幅によって使い分けるとよい。①細いゴムやひもをはさんで使う。p.38 参照。②輪にゴムやひもを通して使う。曲げて使えるのがメリット。③幅広のゴムやテープを通すときにしっかりと幅をはさめるので途中ではずれにくい。

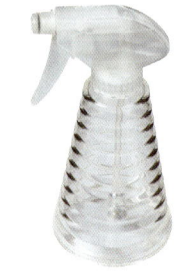

霧吹き

布のしわをのばすためにアイロンをかけるとき、広範囲を均等に湿らせるために使う。霧のように水滴が細かく噴射できるタイプがよい。

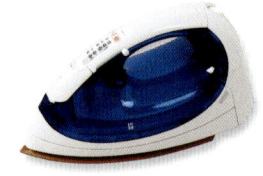

アイロン

しわをのばしたり、縫い目を落ち着かせるときなど、ソーイングでは頻繁に使う。これから購入するならスチームアイロンを。

リッパー

はさみではほどきにくい縫い目を切るときやボタンホールをあけるときに使う。布を一緒に切らないように注意する。

アイロン台

アイロンとアイロン台はセットで用意。台に膨らみのあるものは、ソーイングでは布をのばしてしまうことがあるので平らなものがよい。

しつけ糸

縫う前に仮止め（しつけ）をするための糸。手縫い糸よりも撚りがゆるくてやわらかい。表面がすべりにくいので縫いどまりがよい。p.16 参照。

sewing box

ソーイングボックス

必要な道具をひとまとめにできるソーイングボックスをつくりましょう。
特別なものを用意しなくても、ふたがある、丈夫な空き缶や空き箱が便利です。

少し深さのあるコンパクトな四角いお菓子の缶。ピンクッションのほか、針や糸、ボタン、メジャーなどを入れて。

旅先で見つけた、かわいいアンティークのお気に入りの缶をソーイングボックスに。丸形は仕切りをつけるとお行儀よく収まります。

ピンクッション、針、糸、はさみなど、本当に最低限のものだけを入れた小さな箱。ふだんは大きなソーイングボックスの中にしまっておきます。

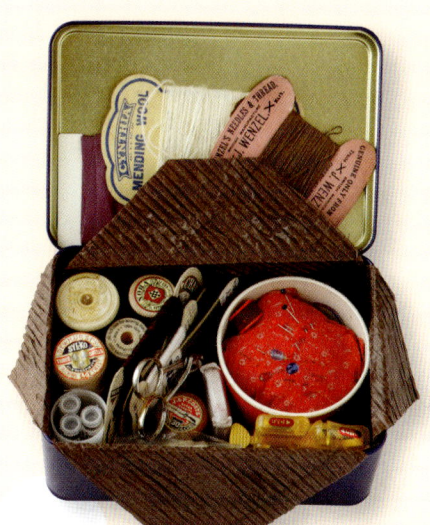

お菓子の缶に入っていたラッピングペーパーをそのまま生かしてもかわいい！　紙カップに入れたピンクッションは、カップごと取り出し、手元に置いて使います。

布について

布を選ぶ前の予備知識です。
素材の特徴、名称などを知っておきましょう。

◆ 素材 ◆

布地には、天然繊維と化学繊維があります。製品の品質表示などで素材名を見ることも多いと思いますが、同じ素材でも糸の太さや織り方などによって布地の名称は異なります。ここでは、手に入れやすい綿、麻などの天然繊維を見てみましょう。

天然繊維

綿（コットン）
肌触りがよく、吸湿性、吸水性に富み、いろいろなものに用いられる。ブロード、ガーゼ、デニムなど。

絹（シルク）
美しい光沢としなやかな風合いで、高級感がある。保温性、保湿性に優れる。水に濡れると縮み、とてもデリケート。シフォン、タフタなど。絹に似せた化学繊維織物に同じ名称のものがある。

麻（リネン）
吸湿性、通気性に優れ、清涼感があるので夏物に用いられる。しわになりやすい。洗濯で縮む場合もあるので、水に通してから使うと安心。

羊毛（ウール）
保温性があり、水をはじき、汚れにくい。動物繊維で虫がつきやすいので、保管には防虫剤を。ツイード、ヘリンボーン、フラノなど。

化学繊維

レーヨン、ポリエステル、ナイロン、アクリルなど。種類が多く、混紡によって特性が変わるので、購入時はお店で扱い方を聞きましょう。

> 化学繊維は多種多様です。劣化する天然繊維に代わるもの、さらに丈夫で扱いやすいものが日々うまれています。

◆ 部位の名称 ◆

布地には、経糸と緯糸で織られた織り地と、1本の糸で編まれた編み地（ニット地）があります。どちらも布の方向があり、各部位に呼び方があります。

布目
経糸と緯糸の織り目のこと。型紙にある布目線は、のびにくい経糸の布目と平行に合わせる。

バイアス
布目に対して、斜め45度の角度のこと。

耳
布幅の両端にある、ほつれにくい部分。メーカー名を織り込んだり、プリントしていることもある。

布幅
布の織り幅、編み幅のこと。90cm、110cm、145cmなどいろいろな幅がある。

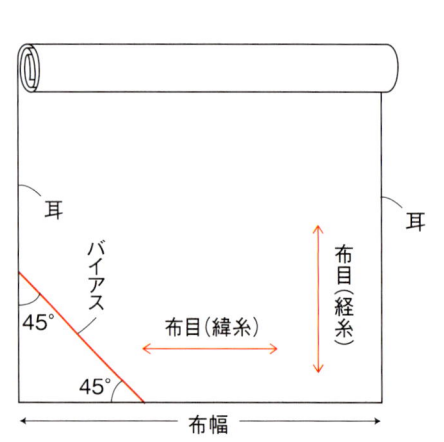

布の合わせ方

中表
2枚の布の表と表を合わせること。

外表
2枚の布の裏と裏を合わせること。

二つ折り
1枚の布を、中表もしくは外表に折ること。

Part 1 道具と材料 ◆ 布について

◆ 地直し ◆

織り地の耳側を見ると、織り糸が斜めにゆがんでいる場合があります。そのまま裁断してしまうと、仕上がってから形くずれする原因になります。必ず布を裁つ前に布目を正します。これを地直しといいます。洗濯をすると縮みやすい生地は、水に浸して（水通し）から地直しをします。縮みやすい布かどうかは、購入時に確認しましょう。

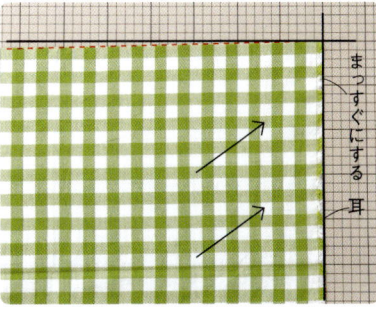

1 耳をまっすぐにして置いてみると、チェックの線が右斜め上に向かって曲がっていることがわかる。

2 曲がっている方向と逆に引っ張り、ゆがみを正す。

3 手で直してほぼ整ったところ。

4 アイロンで、しっかり押さえて落ち着かせる。

5 布目を正したところ。

アイロンについて

目的によって、アイロンの動かし方が変わります。

しわをのばしたいとき

布にアイロンを当てたまま、布目にそって、すべらせるように移動する。

作業途中にかけるとき

接着芯を貼る、縫い目を落ち着かせる、縫い代を割る、片返しにするときは、アイロンを置くように当て、布から離して移動する。

アイロンの温度表示

高	200℃前後	綿、麻など
中	160℃前後	毛、絹、ナイロン、ポリエステル、レーヨンなど
低	120℃前後	アクリル、ポリウレタンなど

接着芯について

布に張りを持たせたいときや形くずれを防ぎたいときなど、表布を支えるのが芯地です。

◆ 接着芯 ◆

接着芯とは、片面に接着剤がついた芯地のこと。アイロンで熱を加えることにより、接着剤が溶けて布に貼りつきます。残布で試し貼りをして、きちんと貼れることを確認してから使うと安心です。目的と布に合うものを選びますが、どれを選んだらよいかわからない場合には、お店の人に聞いてみましょう。

接着芯の種類

接着芯は大きく分けて3タイプ。それぞれ薄地から厚地まであります。

織り地
同じ平織りの表地と特になじみがよい。織りの密度や厚さによって風合いが変わる。

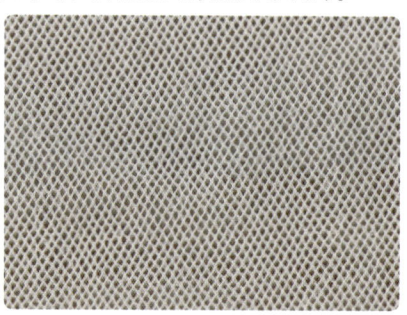

編み地
伸縮性がありやわらかい。ニット地にも織り地にも使える。

不織布
繊維をからみ合わせてつくられた布なので、布目を気にせず使える。やや硬めの仕上がりで、どの方向にものびなくなる。洋服に使うときは薄地タイプを。

接着芯の貼り方

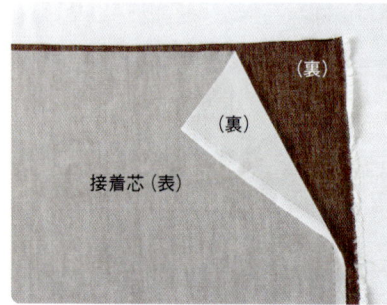

ザラザラしている接着剤のついている面（裏）と布の裏面を合わせる。

まずドライアイロンで仮止めをする。アイロンは端から少しずつ重なるように押さえていく。仮止めをしてから今度はスチームアイロンで全体を押さえ、しっかりと貼る（ドライアイロンのみで貼れるタイプもある）。布がのびたりずれたりすると、接着芯がはがれる原因となるので、水分と熱が残っているうちは布を動かさないこと。

> いきなりスチームをかけると芯が吹き飛んでしまったりずれてしまったり・・・一度仮止めしてから貼ると安心です！

◆ 伸び止めテープ ◆

片面に接着剤がついているテープ状の芯。伸び止めテープ、接着テープという名称で売られています。幅は1cm程度～1.5cmのものがあります。布がのびるのを防ぐ（衿ぐりや袖口など）、または布に力がかかる箇所（ファスナーつけ位置やポケット口など）に貼ります。接着芯を細くカットして使っても。

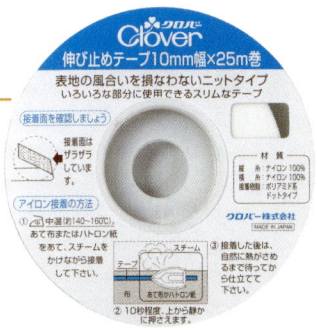

直線に貼る場合

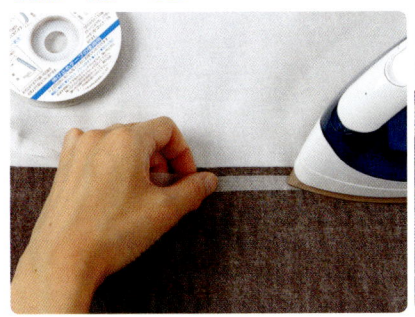
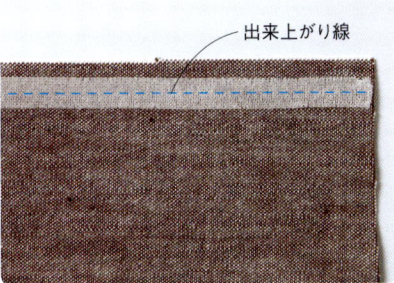

接着芯と同じように、ドライアイロンで仮止めをして動かないようにしてからスチームアイロンでしっかりと押さえる。出来上がり線にかかるように貼る。

カーブに貼る場合

> カーブは、内周の方が短くて外周の方が長いので、先に短い方に合わせると長い方がつれてしまいます。

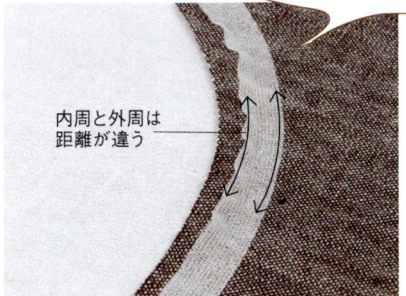

1 カーブの外側を少しずつ仮止めする。
2 外側だけ貼った状態。内側は浮いている。
3 テープの内側をアイロンでなじませながらスチームアイロンでしっかり押さえる。

4 貼り終わったところ。

> 貼り間違えたときは？
> スチームアイロンで熱と水分を加え、熱が冷めないうちに芯をはがします。

まち針の打ち方

布を縫い合わせるとき、ずれないようにまち針でとめます。まち針も太さに種類があります。
薄手の布に太い針を刺すと針穴が残ることがあります。布によって使い分けましょう。

> まち針を布に刺してとめることをまち針を"打つ"といいます。

布を置いて打つ

2枚の布の裁ち端を揃え、布がずれないように指で押さえながら、縫い代幅より少し下から、小さく1針すくう。

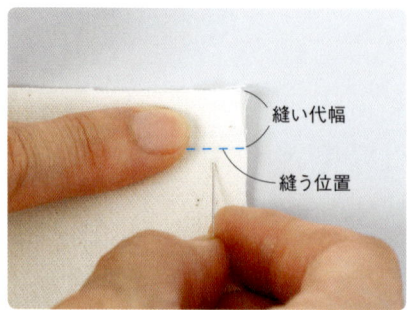
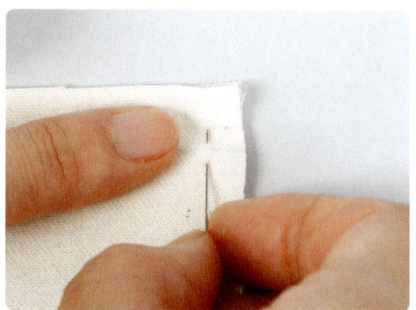

布を手に持って打つ

2枚の布の裁ち端を揃え、布がずれないように指ではさみ、縫い代幅より少し下から、小さく1針すくう。

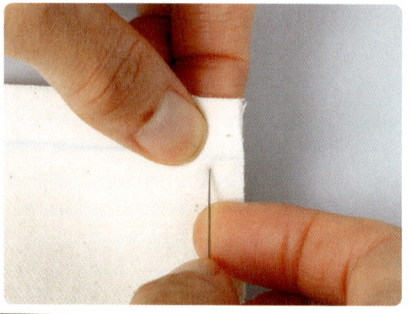

> 縫い代を正確に裁断すれば出来上がり線の印をつけなくても裁ち端を揃えて縫い合わせることができます（p.64参照）。

まち針を打つ順番

① 両端（縫い始め、縫い終わり）
② 中間（または合印）
③ 縫う距離が長い場合やカーブなどはその間

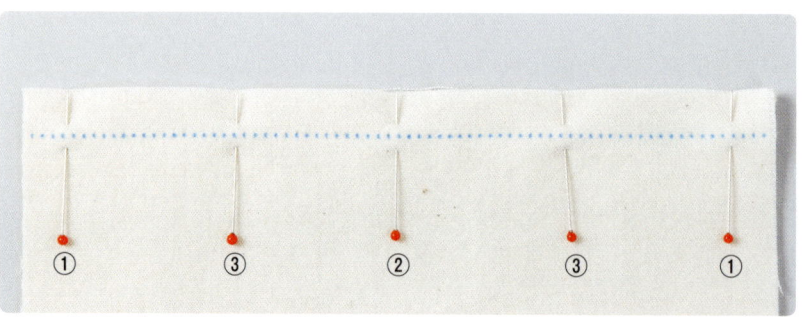

まち針の打ち方

印と印を合わせてとめる
出来上がり線の印をつけて裁断したときや、ダーツ（p.69参照）などの印を合わせて縫うときのとめ方です。

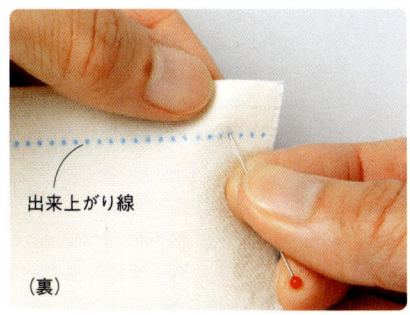

1 2枚の布を中表に合わせ、出来上がり線の印の上にまち針を打つ。

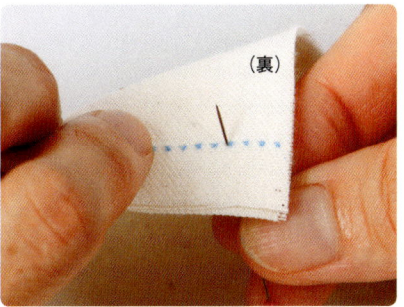

2 そのまままた1枚の印の上に針先を出す。

3 2枚の布の印と印を合わせた状態で、指ではさむ。

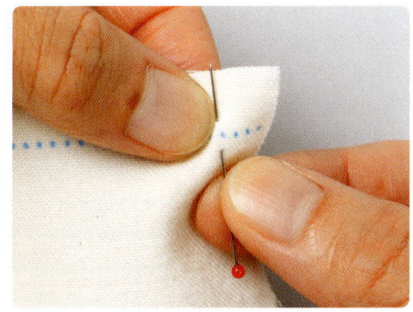

4 そのまま、まち針を一度はずし、出来上がり線の少し下から小さく1針すくう。

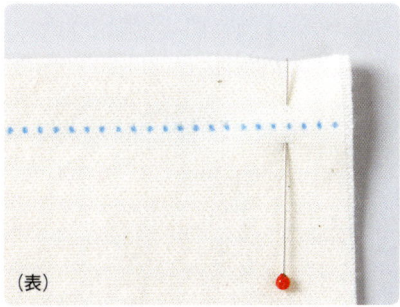

5 出来上がり線に対し、垂直に交わるように打つ。

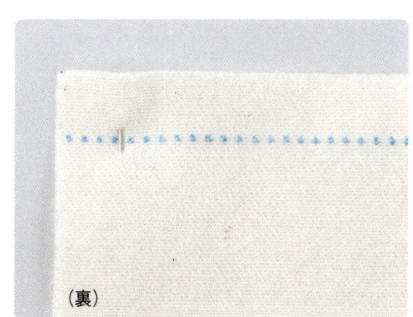

出来上がり線上に針を打つと布がずれる！！

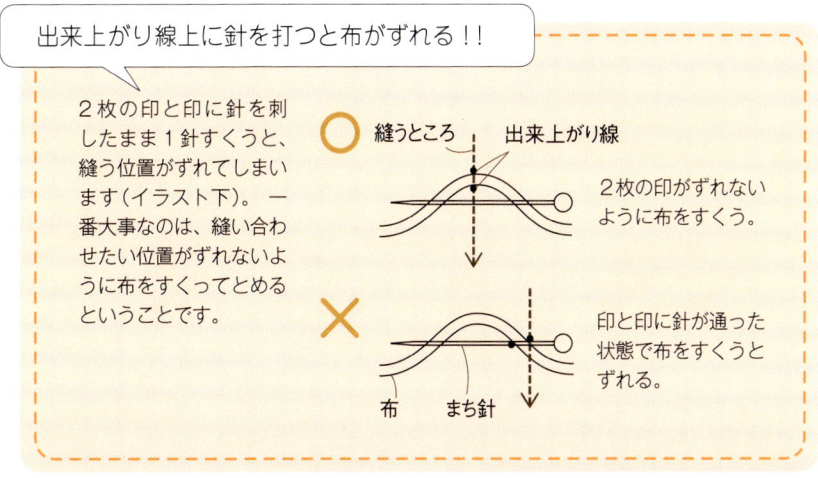

2枚の印と印に針を刺したまま1針すくうと、縫う位置がずれてしまいます（イラスト下）。一番大事なのは、縫い合わせたい位置がずれないように布をすくってとめるということです。

しつけのこと

2枚の布を縫い合わせる前に糸で仮止めする方法です。
まち針でとめただけでは不安なときは、しつけをすると安心です。

しつけ糸の扱い方

1 購入時は、輪になった糸がひねった状態で束ねられている。

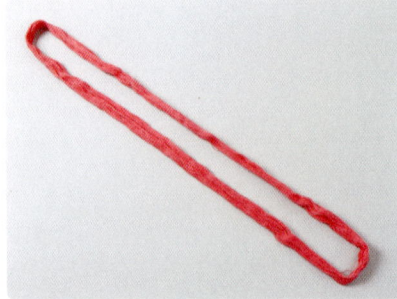

2 細長い輪に広げる。

3 輪の中間をひもなどで2か所くらい結んでとめる。

4 片方の輪をはさみでカットする。

5 この状態で使う。

6 使うときは、わのほうから1本ずつ引き抜く。

> 糸端から使うと糸がからまる原因になります。

> しつけをすることをしつけをかけるという場合もあります。

しつけのかけ方
2本どりで縫うとしっかりとめられます。薄地の場合は1本どりでも。

> 縫う位置にしつけをすると、後からほどきにくくなるので注意！

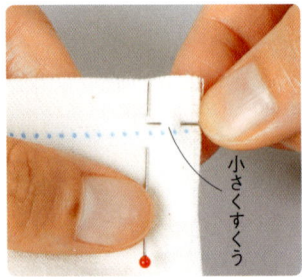

1 針にしつけ糸を通して糸端に玉結びをつくり、出来上がり線より少し縫い代側を小さく1針すくう。

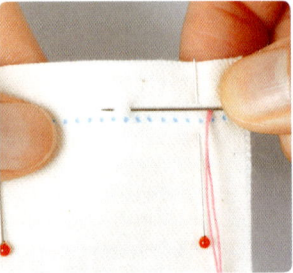

2 少し先でまた小さく1針すくう。

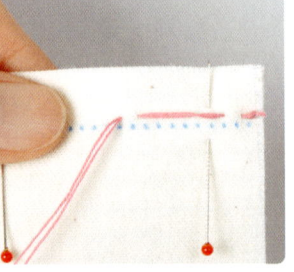

3 並縫いのように均等ではなく、すくうほうを小さくすると布がずれにくい（カーブはすくう間隔を細かめに）。

4 玉止めをして縫い終わる。出来上がり線をミシンで（または手縫いで）縫ったら、しつけはほどく。

Part 2 まずは手縫いをマスター

手縫いの針と糸

手縫いをするときに必要な、手縫い針と手縫い糸。さまざまな種類がありますが、始めに知っておきたい針と糸を紹介します。

手縫い糸

台紙に巻いてある巻糸タイプが多く、素材や太さなどの種類があります。糸の太さは番手といわれる数字が大きいほど細くなります。布と用途に合わせて使い分けましょう。

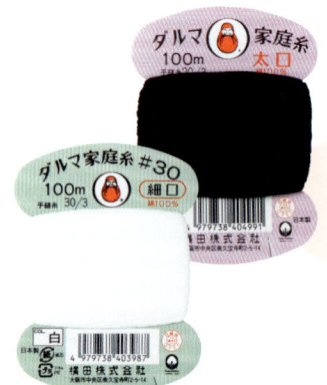

コットン生地と相性のよい綿100％の糸でしっかりと縫いとまる。ボタンつけのほか、手芸、クラフトなどに使える。太口（#20）と細口（#30）がある。

摩擦に強く、丈夫なポリエステル100％のボタンつけ専用糸。薄地用（#30）と普通地・厚地用（#20）がある。

細めのポリエステル100％の糸。丈夫で糸切れに強い。スカートやパンツの裾のまつり縫いなど、ソフトに仕上げたいときに向く。

ボタンつけ糸10色が1セットになったもの（ポリエステル100％・#20）。常備していれば色柄ものにも対応でき、厚地の裾上げなどにも使える。携帯にも便利。

ミシン糸で縫ったらダメ？

手縫い糸は縫っているときの手の動きに合わせて右撚りになっています。左撚りのミシン糸で手縫いをするとからまりやすく、糸割れ、糸切れを起こすことがあります。

手縫い針

針は、太さや長さ、針穴の大きさ違いなど、種類がたくさんあります。使いやすい針を見つけましょう。

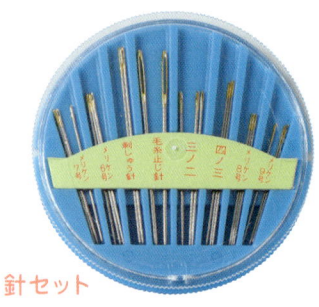

針セット

薄地用から厚地用までの針と刺しゅう針、毛糸とじ針までがセットになっているもの。いろいろな生地に対応できるので、1つ持っていると便利。

和針、メリケン針ってどんな針？

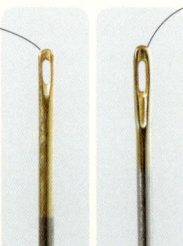

和針

和裁用の針で、布の種類や縫い方によって種類があります。「三ノ二」など数字で表記されている和針は、前の数字が針の太さで後ろの数字が針の長さを表し、数字が小さいほど太く、短くなります。和裁のくけ縫い用につくられたくけ針などもあります。

メリケン針

アメリカから入ってきた洋針で、名前はアメリカン（メリケン）からきています。針穴が長く、針先が細いのが特徴。サイズは4～9まであり、数字が小さいほど太くなります。短針と長針があります。

針と糸の選び方

◆ 布地に合う針と糸の組み合わせがあります。表を参考にして選んでみましょう。

	薄地	普通地	厚地
針	メリケン針 7〜9 和針 四	メリケン針 4〜9 和針 三	メリケン針 4〜7
糸	♯40〜♯50 または細めの手縫い糸	♯30	♯20

糸通しが苦手な人は……

スレダーやセルフ針を利用しましょう

スレダー
最も一般的な糸通し。細い針でも簡単に糸を通すことができる。

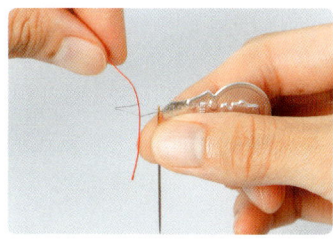

1 スレダーの先端を針穴に通し、糸を入れる。

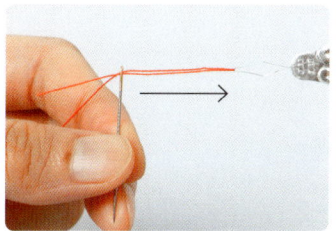

2 スレダーを引いて、針穴から糸を一緒に引き抜く。

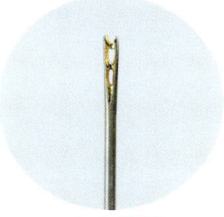

セルフ針
針の頭にある溝から糸を通すことができるもの。

1 針の頭の溝に糸を当て、糸の両端を下に引く。

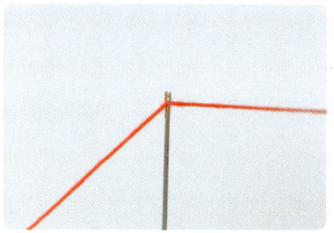

2 糸が溝を通ると、上の穴に入る。いったん穴に入ると、上には抜けない仕組み。

針供養って知ってる?

年に一度、折れた針を寺社に納める行事があります。これを「針供養」といい、かつて事始めだった2月8日か事納めだった12月8日に、折れたり、曲がったりした針を、豆腐やこんにゃくなどの柔らかいものに刺して、一年の仕事を労い、同時に裁縫の上達を願ったそうです。
2月8日、事始めの浅草寺の針供養会の様子。

写真提供／浅草寺

手縫いの基本

糸の扱い方から基本の縫い方まで、今さら人には聞けないからこそ、ここでおさらいしておきましょう。

針に糸を通す

1 糸の先がけばだっている場合は、カットする。

2 針穴に糸を通す。糸は短めに持つとよい。

> 斜めに切ると糸の先が割れやすくなり逆に通しにくくなることがあります。

糸の長さ

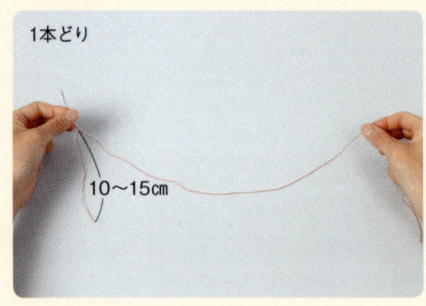

1本どり　10〜15cm

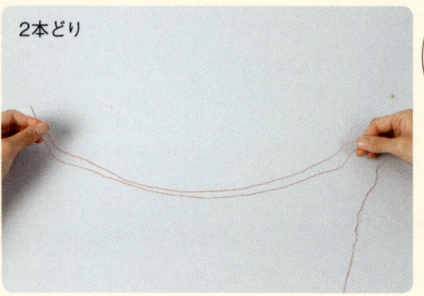

2本どり

糸の長さはだいたい肩幅くらいを目安に。

> 途中で糸が足りなくならないようにと長く用意するのは厳禁！からまる原因になります。

糸を整える

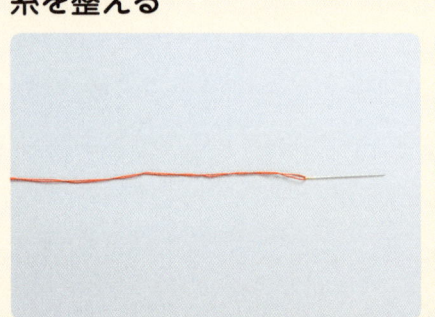

1 2本どりの場合、糸がからまってねじれていないかチェック！

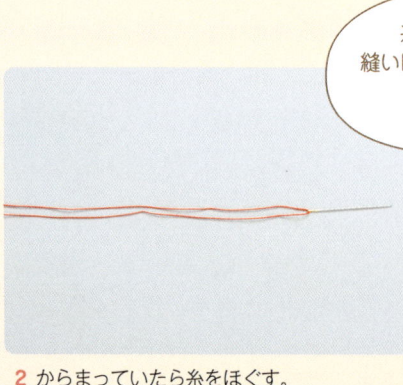

2 からまっていたら糸をほぐす。

> 糸がからまったまま縫うと縫い目もよれて美しく見えません。途中でからまるのも糸のねじれが原因です！

玉結び 布から糸が抜けないように、縫い始めにつくる結び玉のこと。

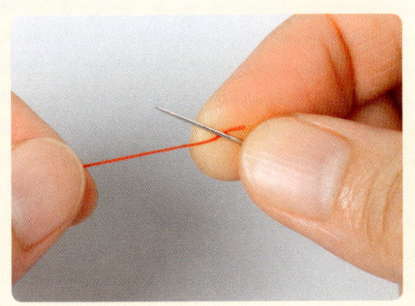

1 玉結びをつくりたい糸端に針をのせる。

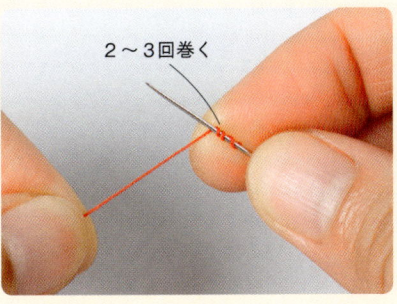

2 糸を針に2～3回巻く。

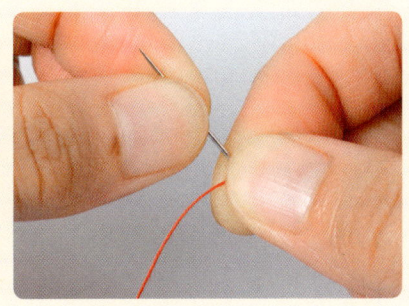

3 巻いた部分を指で押さえる。

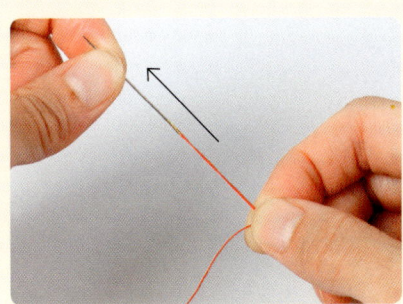

4 指で押さえたまま針を引き抜く。

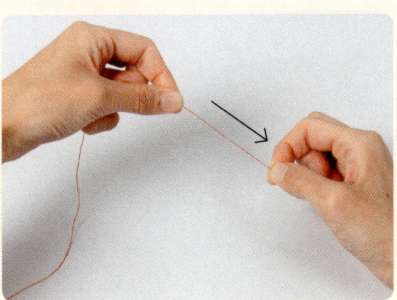

5 糸を引き抜いたら、結び玉を端に寄せるようにしてしっかりと締める。

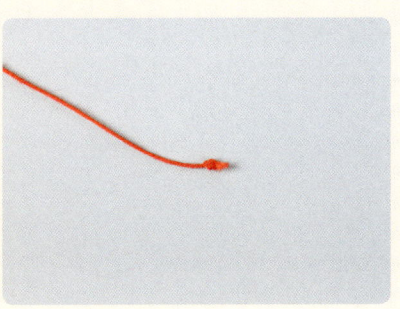

6 出来上がり。

指でつくる玉結び

指に糸を巻いて撚る方法は、つくりたい場所に結び玉をつくれなかったり（写真）、結び玉がきれいにならないことも。針に糸を巻く方法がおすすめ。

Part2 まずは手縫いをマスター ◆ 手縫いの基本

縫い始め 玉結びが抜けないように、1針返してとめます。

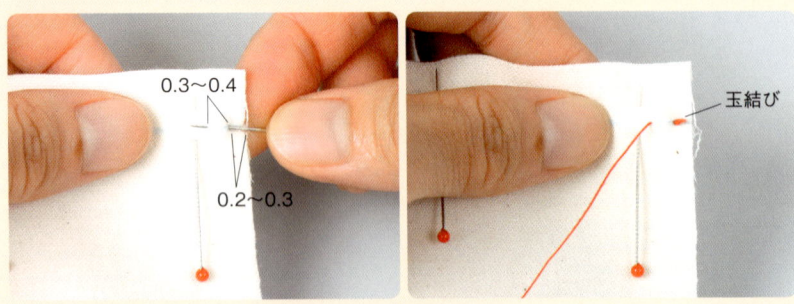

1 布端から0.2〜0.3cmあけて針を入れ、1針（0.3〜0.4cm）縫う。

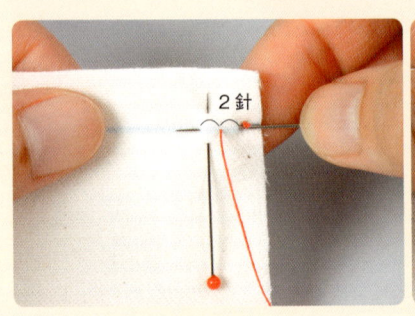
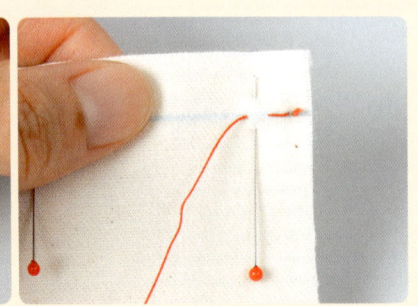

2 最初に針を入れたところにもう一度針を入れ（1針戻る）、2針先に針を出す（返し縫い）。このように1針返してから縫い始める（縫い方はp.24参照）。

指ぬきの使い方

指ぬきは持っているけれど、うまく使えないという人も多いようですが、慣れればスムーズに縫うことができます。使い方を確認しましょう。

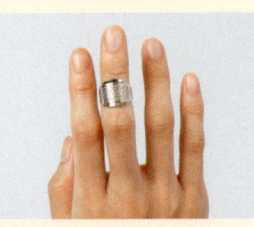
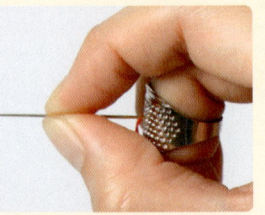
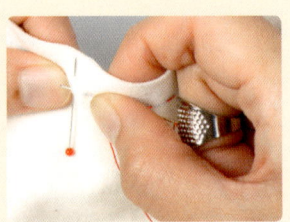

1 利き手中指の第一関節と第二関節の間に指ぬきをはめる。

2 親指と人さし指で針をはさみ、中指を折り曲げる。

3 指ぬきに針の頭を当て、中指で針を押すようにして縫う。

縫い終わり 最後も、1針返して縫いとめます。

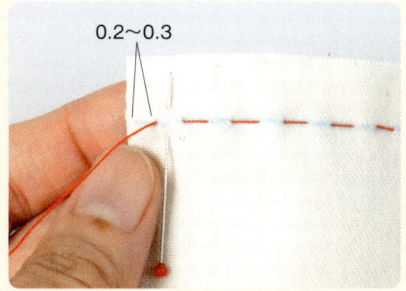

1 布端から0.2～0.3㎝残して、縫いとめる。

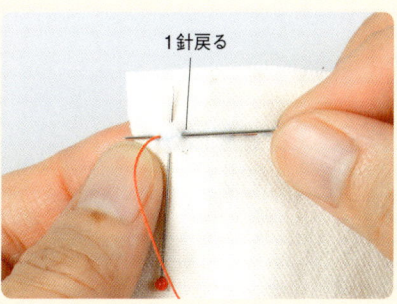

2 1針戻って針を入れ、1と同じところに針を出す。

玉止め 糸が抜けてほどけてこないように、縫い終わりにつくる結び玉のこと。

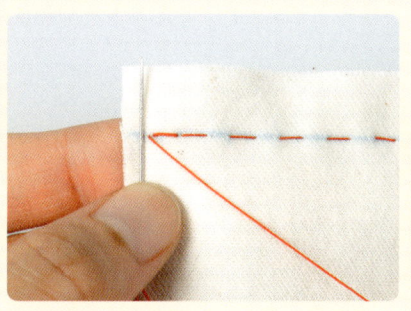

1 縫い終わりの糸が出ている位置に針をそえる。

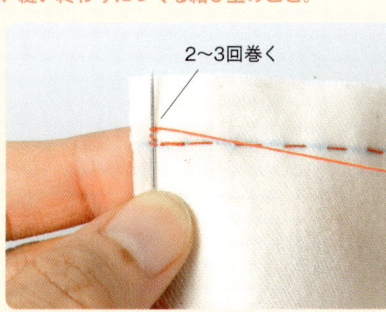

2 2～3回、針に糸を巻く。

3 巻いた糸を指で押さえる。

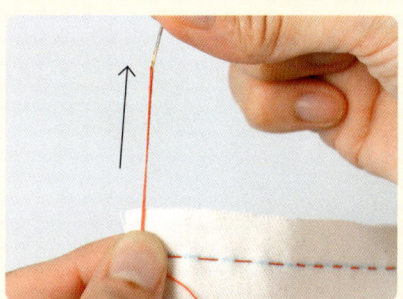

4 糸を指で押さえたまま、針を引き抜く。

5 玉止めができたところ。玉止めがほどけないように0.2～0.3㎝糸を残して切る。

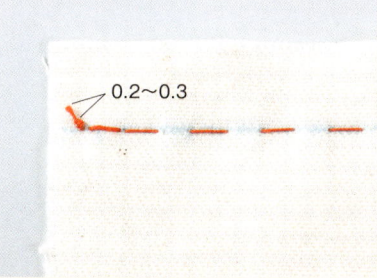

6 出来上がり。

基本の縫い方

次の3つの縫い方で縫い合わせます。縫う箇所や目的によって縫い目の大きさを変えます。

並縫い 基本の縫い方。運針ともいいます。

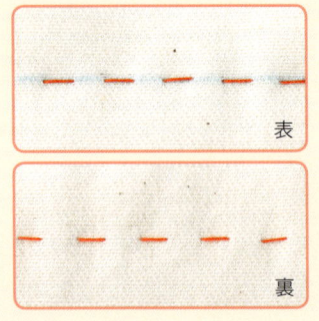
表
裏

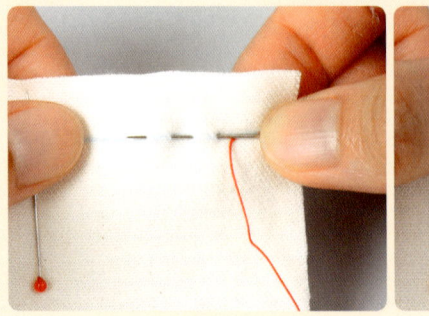

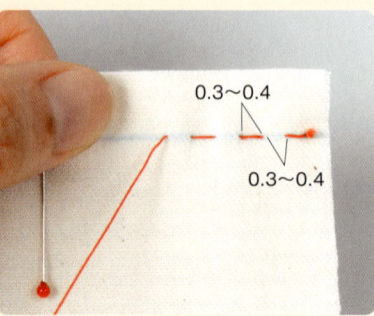
0.3〜0.4
0.3〜0.4

0.3〜0.4cmごとに針を入れて出す。2〜3針ずつ縫ってもよい。縫い目の大きさを揃えるときれい。

本返し縫い 厚地の布や力のかかるところを縫うときに使う丈夫な縫い方。

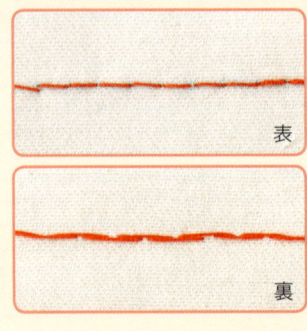
表
裏

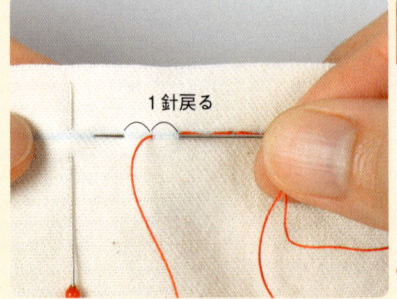
1針戻る

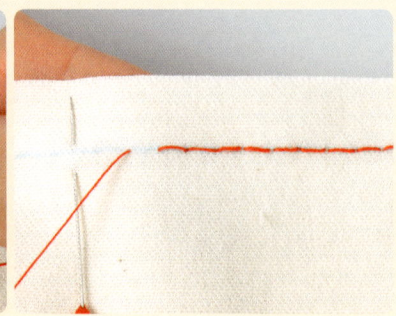

1針戻して、2針先に針を出す。同じように1針返しながら縫う。表の縫い目はつながり、裏は重なりながらつながる。

半返し縫い 糸が動かないように、並縫いよりも少ししっかりした縫い方。

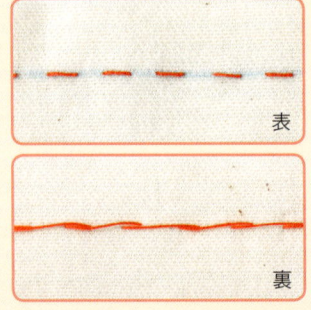
表
裏

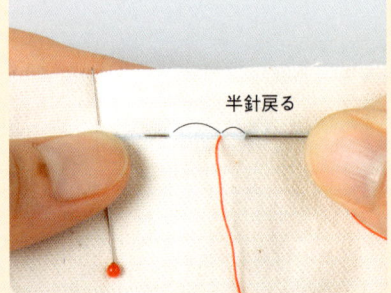
半針戻る

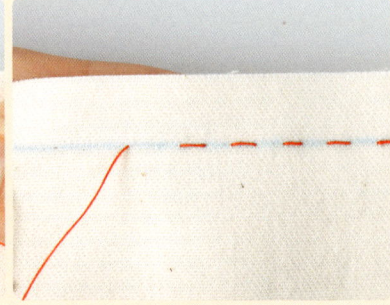

1針の半分だけ戻り、1針半先に針を出す。表の見え方は並縫いと同じ。裏の縫い目の重なりは本返し縫いの半分になる。

> 糸が足りなくなったときは？

長く縫うときは、針に通した糸がぎりぎりになる前に途中で縫いとめ、
新しい糸で続けて縫います。糸を替えるタイミングを逃さないように。

玉止めをして糸を替える

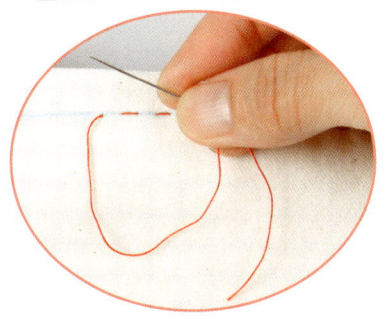
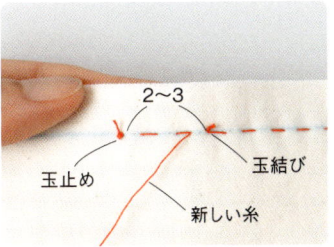
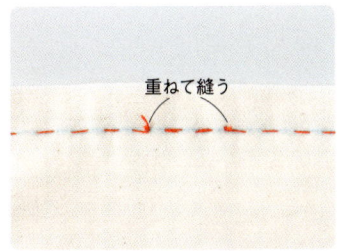

1 玉止めをして一度縫いとめる。新しい糸を針に通し、玉止めの2～3cm手前に針を入れる。

2 同じところを重ね、続けて縫う。重ねて縫うので、ほどけてあいてしまう心配はない。

ぎりぎりまで縫ってしまったとき

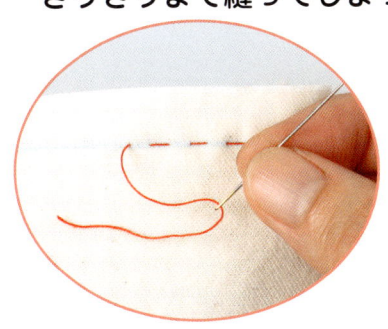
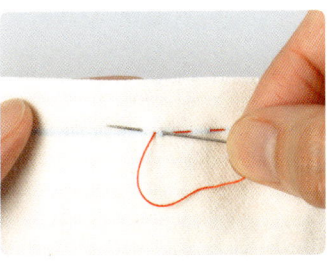
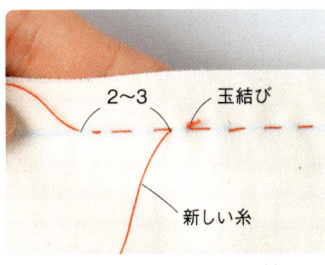

1 糸が短く玉止めができない場合は、小さく返し縫いをして針を抜く。

2 新しい糸を針に通し、返し縫いの2～3cm手前に針を入れる。

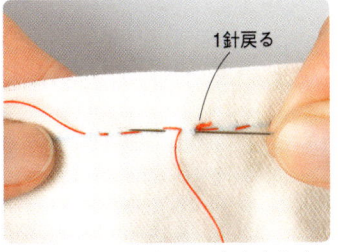
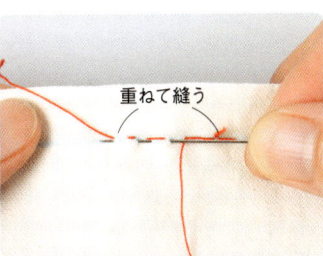
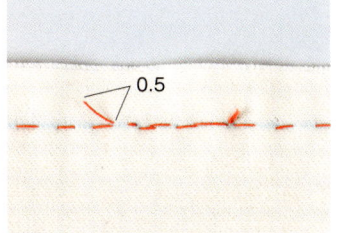

3 縫い始めの糸で玉止めをしなかった分、1針返し縫いをする。

4 同じところを重ねたあと、続けて縫う。

5 始めの糸を0.5cmほど残して切る。返し縫いをし、重ねて縫うことで、ほどける心配はない。

身近なものを縫ってみよう！

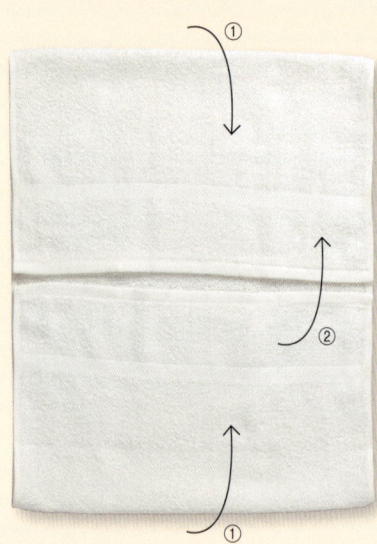

タオルのたたみ方
① 両端を内側に入れてたたむ
② 二つ折りにする

Lesson. 1

ぞうきん

ミシンだとしっかり縫えますが、
仕上がりが固くなります。
ぞうきんには手縫いの方が適しています。
使い古したタオルで、手縫いの練習として
ぞうきんを縫ってみませんか？

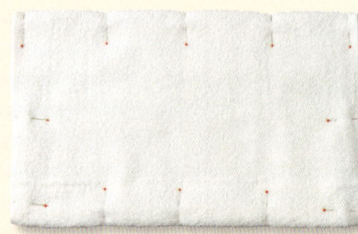

1
四隅、その間、さらにその間と、まち針を打ち、端をとめる。

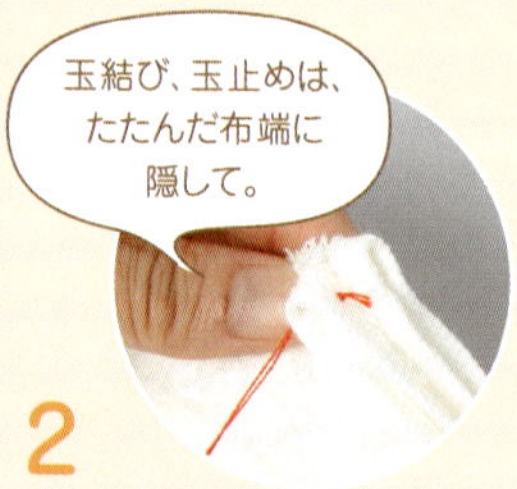

玉結び、玉止めは、たたんだ布端に隠して。

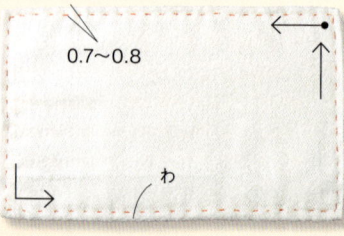

2
周囲をぐるりと縫う。並縫いは1針0.5〜1cmくらい。糸を強く引きすぎず、ややふんわりと縫うのが使いやすいぞうきんを縫うポイント。

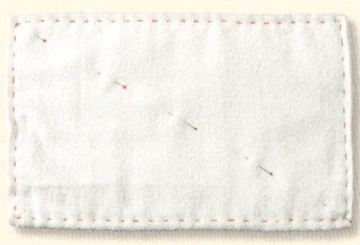

3
斜めにまち針を打つ。布をとめるだけでなく、まっすぐに縫う方向の目安になる。

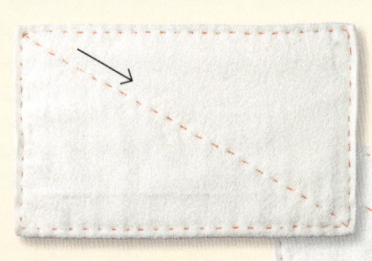

4
斜めに縫う。

同じように反対側も斜めに縫って、出来上がり。

Lesson. 2

ランチョンマット

手ぬぐいを二つ折りにして
ぐるぐると並縫いでステッチをかけました。
裁ち端部分は
少し折り込んで仕上げます。

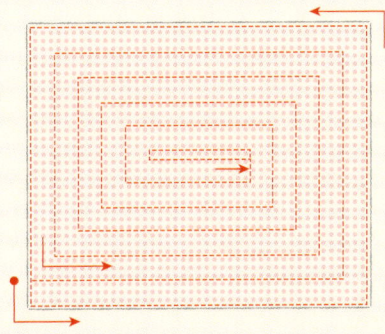

Lesson. 3

ふきん

ぞうきんと同じように
四つ折りにして並縫いをしたもの。
2つに折って使うことも考えたステッチで
しっかり縫い合わせます。

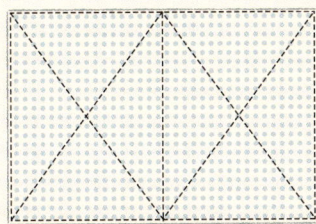

ボタン、スナップ、ホックのつけ方

つけ方は知っていても、うまくつけられないという人も多いのでは？
きちんとつけるポイントや誰にも聞けなかったちょっとした疑問も解決します。

◆ ボタン ◆

ボタンの種類

ボタンは、実用性だけでなく装飾としての役割も兼ねるので、さまざまなデザインのものがあります。素材は、樹脂、貝、金属、陶器、ガラスなど。形状で分けると、表から穴が見えるボタンと見えないボタンの2タイプになります。
穴が見えるボタンは、主に二つ穴か四つ穴で、四つ穴のほうが糸を多く通す分、しっかりととめられます。
表に穴が見えないボタンは、裏側に糸を通す穴があります。足つきボタンはその1つです。

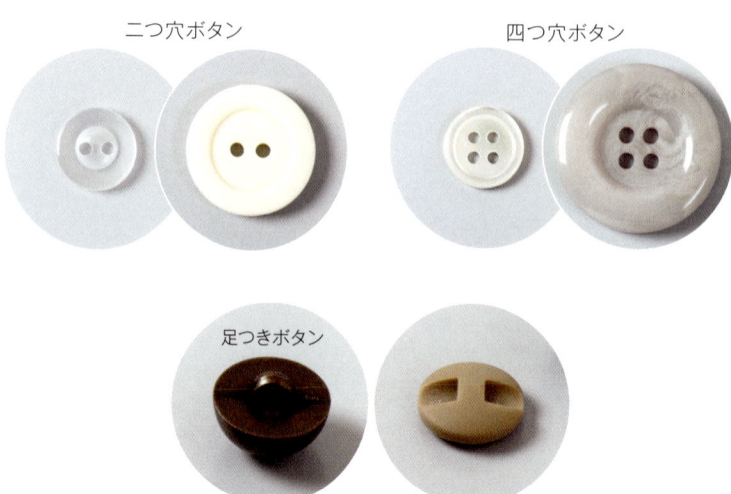

二つ穴ボタン　四つ穴ボタン

足つきボタン

表から穴が見えないボタン（裏側）

ボタンつけに関する小さな疑問

糸足とは？

布とボタンの間に見える糸のこと。コートなど布が厚いものほど糸足は長くなります。ボタンをかけたときに、ボタンホール側の布が落ち着く長さがベストです。長すぎると布の落ち着きが悪く、短すぎるとかけにくくなります。

ボタンつけは1本どり？2本どり？

太い糸なら1本どりでもしっかりつけられます。細い糸の場合は2本どりが安心です。布に合う糸を選び、布に負担がかからない本数を考えましょう。

穴には何回通す？

○ ボタンの厚みになじむくらいに

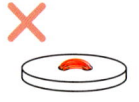
× 多すぎると糸がすれやすい

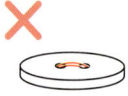
× 少なすぎると糸が切れやすい

穴に糸が最低2本は通っているようにします。糸の太さと、1本どりか2本どりかによって、針を通す回数は変わります。少なすぎると強度がなく、糸が切れやすくなります。逆に多すぎると、盛り上がった糸がすり切れてしまうこともあります。通した糸がボタンの厚みになじむくらいがちょうどよい回数です。

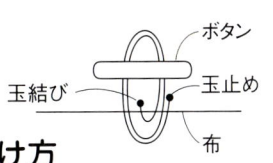

二つ穴ボタンのつけ方

ボタン
玉結び
玉止め
布

ボタンつけ位置
（表）

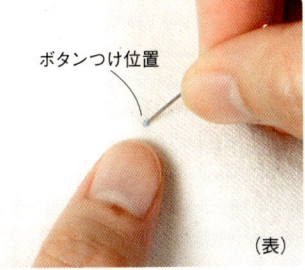

1 玉結びをつくってからボタンつけ位置の印に針を入れる。

玉結び
（表）

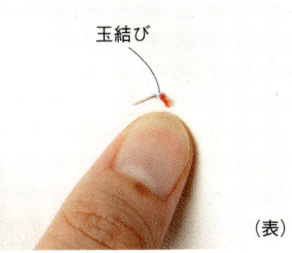

2 裏から玉結びの近くに針を出す。

糸をきつく
締めすぎないように！
（表）

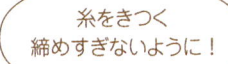

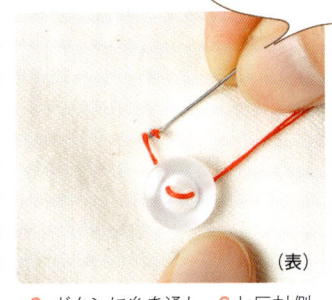

3 ボタンに糸を通し、2と反対側の玉結びの近くに針を入れ、裏に出す。

（裏）

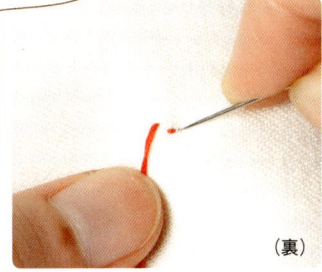

4 2と同じところに針を入れ、表に出す。

（表）

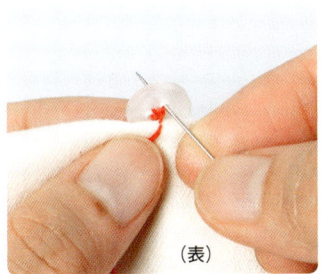

5 ボタンの穴に針を通す。

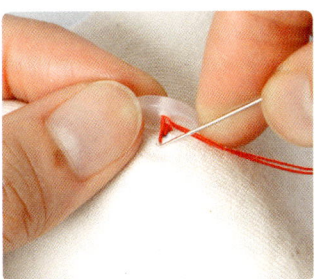

6 3と同じところに針を入れて裏に出す。

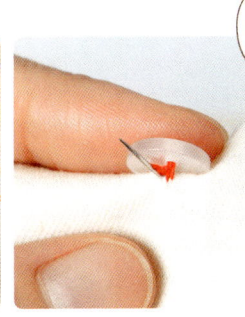

7 再び表に針を出す。

布地が薄く糸足を
つけない場合は、
ここで玉止めをします。

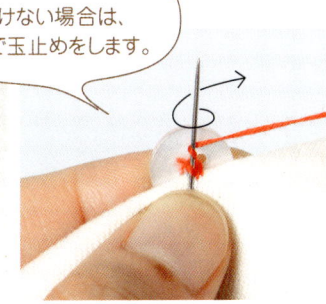

8 糸の根元に針をそえ、針に2～3回糸を巻く。

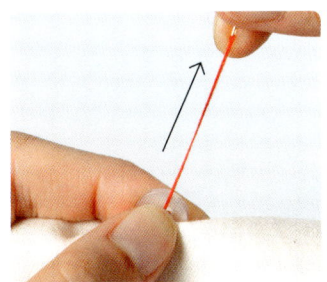

9 巻いた根元をしっかり指で押さえたまま、糸を引き抜き、玉止めをする。

10 糸は、玉止めがほどけてこない程度に短く切る。

11 出来上がり。

（裏）

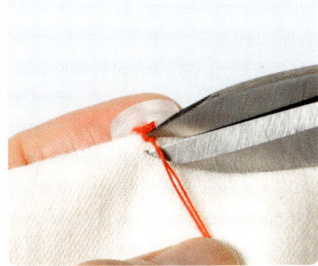

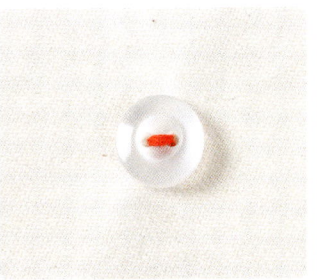

裏もすっきり。

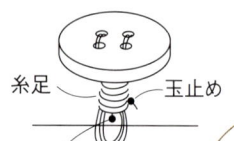

糸足　玉止め

玉結び

四つ穴ボタンのつけ方

糸足をつけるときは、ボタンと布の間に糸を巻く余裕をもってボタンに糸を通します。

2〜3回巻く

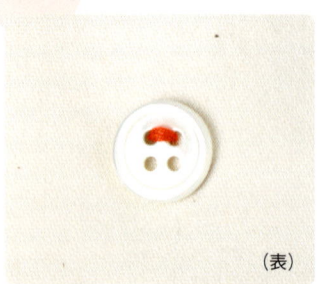
（表）

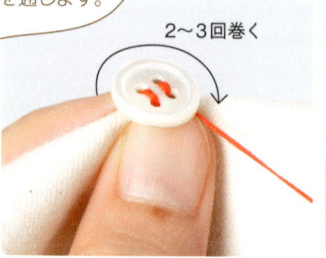

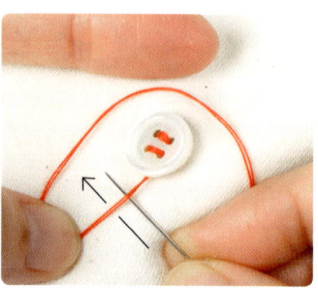

1 二つ穴ボタンと同じように表から印に針を入れ、2つの穴に糸を2回通す。

2 残りの2つの穴にも糸を2回通す。

3 糸足をつける場合には、ボタンの下に糸を2〜3回巻く。糸足をつけない場合はここで玉止めをします。

4 巻いた糸がゆるまないように指で押さえ、輪に針を下からくぐらせる。

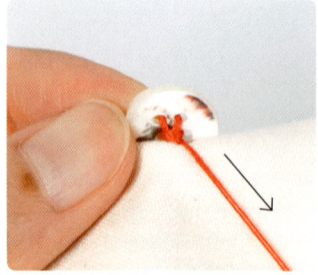

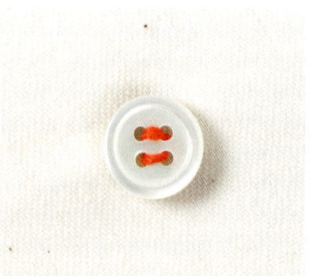

5 糸を引き、巻いた糸を締める。

6 糸の根元に玉止めをして出来上がり。

ボタンホール側の布の厚み分、ボタンが布から浮いた状態がちょうどよい。

ボタンをきちんとつけるには

ボタンは、ボタンホールがきちんとかかる正しい位置に、取れないようにつけることが大切です。

裏を見ずに針を斜めに入れるとボタンつけ位置からボタンの中心がずれてしまいます。1針ごとにつけ位置を確認しながらつけましょう。

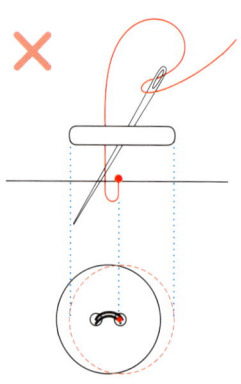

✕ ずれる

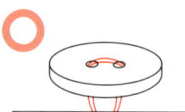
糸を通す幅はボタンの穴より少し狭いくらいがベスト。

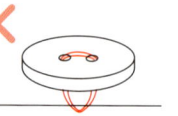
少なすぎると布に負担がかかり、織り糸が切れボタンがとれてしまう。

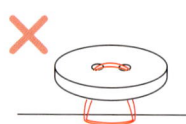
広すぎると布の収まりが悪く、ボタンをかけたときボタンホールが広がり美しくない。

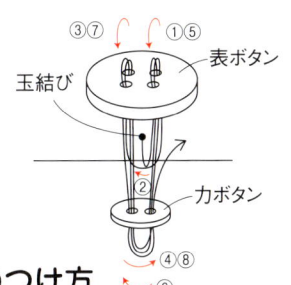

力ボタンのつけ方

* 力ボタン
裏側につける小さなボタンのこと。コートなど上着のボタンは、着脱するときに布に負担がかかるので、力ボタンをつけて軽減する。

表ボタン　力ボタン

1 表ボタンに1回ずつ糸を通す。糸足をつける分の余裕をもたせ、糸をきつく締めすぎないように注意する。

2 針を裏側に出し、力ボタンに糸を通して、1と同じところに針を入れて表に出す。

3 裏に糸を出すたびに力ボタンに通す。最後は表ボタンの下に針を出します。

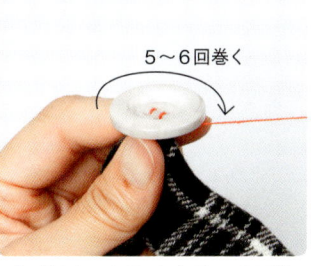

4 ボタンの下に糸を5～6回巻いて糸足をつける。

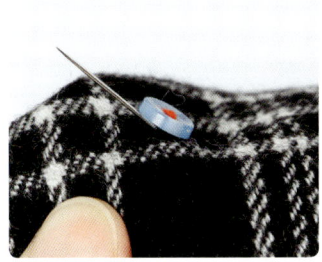

5 力ボタンの下に針を出し、玉止めをつくる。

出来上がり。（表）

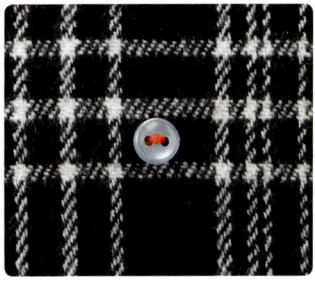

（裏）

糸足の長さは、ボタンホール側の布の厚み。

足つきボタンのつけ方

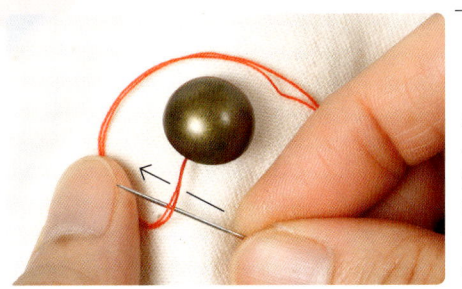

ボタンのつけ方は二つ穴ボタンと同じ。足つきボタンは、糸足をつける必要がないので、最後に輪をつくって下から針を通して糸を締めるとしっかりととまる。

出来上がり。

◆ スナップ ◆ スナップボタン

ボタンホールをあけずに、簡単につけられるとめ具。金属、プラスチック製のものがあり、凹型と凸型で1組。凸が下が一般的ですが、決まりはありません。

スナップボタンのつけ方

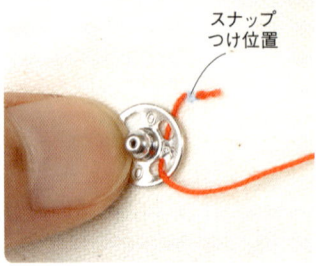

1 スナップつけ位置を1針すくいスナップの穴に通す。

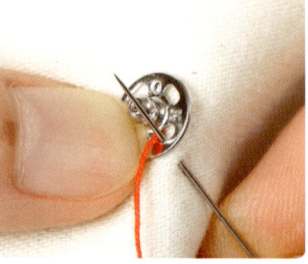

2 スナップつけ位置にスナップの中心を合わせ、外側から布をすくって同じ穴に針を出す。

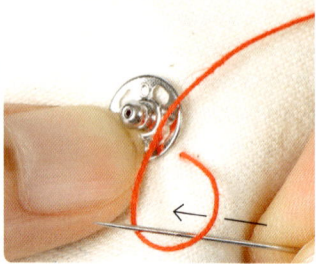

3 糸の輪の下から針を通す。

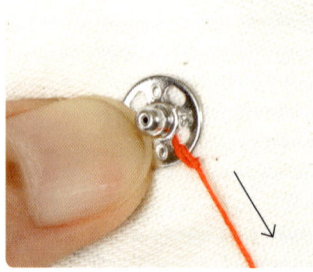

4 糸を引いて締める。このように糸をからませることでスナップが動きにくくなる。

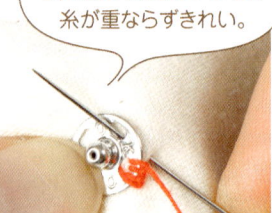

少しずつ進行方向に針を出す位置をずらすと糸が重ならずきれい。

5 2～4を3回くらい（回数はスナップの穴の大きさに合わせて）繰り返し、隣の穴に針を出す。

6 残りの穴も同様に糸を通す。

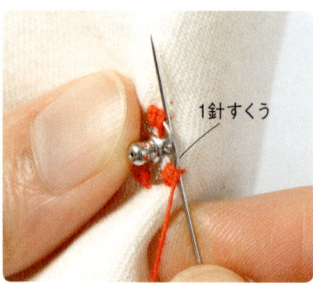

7 最後は、1針すくってスナップの下に針を出す。

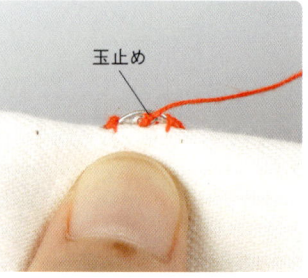

8 スナップに隠れる位置で玉止めをつくる。

9 余分な糸を切る。

10 出来上がり。

凸が収まる位置に凹をつける。凹も凸もつけ方は同じ。

◆ ホック ◆

フック・アンド・アイ。フック（かぎ）を受け側のアイ（ループ）に引っ掛けてとめるもの。

かぎホック
スカートやパンツなどのベルトによく使われる。重なるあきでしっかりとめたいときの丈夫なとめ具。

スプリングホック
ワンピースやスカートのファスナーの上など、つき合わせになるあきに使われる。

かぎホックのつけ方

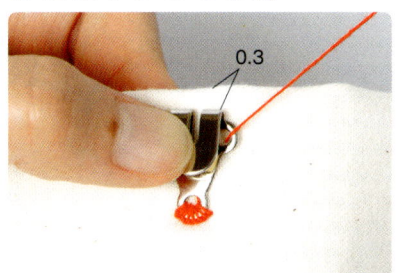

1 布端から0.3cm程度控えてフックをおき、動かないように指で押さえながら、スナップと同じ要領で下の穴からとめる。5回くらいとめたら、上の穴に糸を出す。

2 下を押さえながら、上の穴も順にとめる。

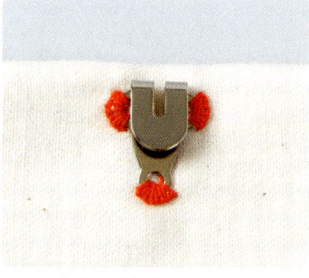

フックをつけたところ。

アイをつけたところ。

スプリングホックのつけ方

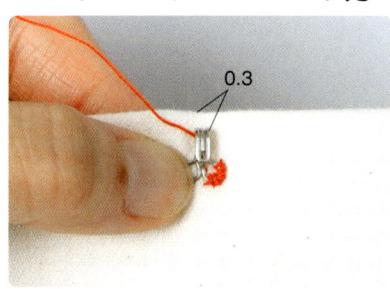

1 布端から0.3cm程度控えてフックを置く。穴のとめ方はかぎホックと同じ。右下をとめたら、フック先端の左に糸を出す。

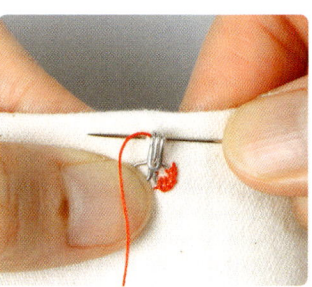

2 右から1針すくって左に出す。

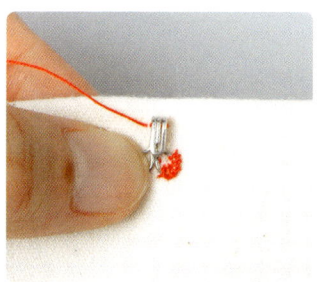

3 3回くらいとめ、もう一方の穴をとめる。

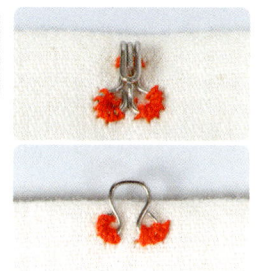

上・フックをつけたところ。
下・アイをつけたところ。

つけ位置

かぎホック

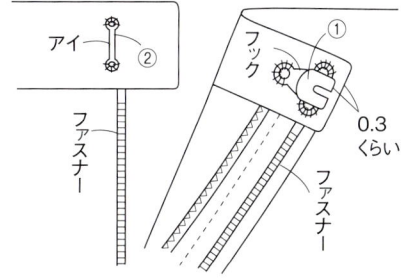

①布端から少し内側にフックをつける。　②フックが収まる位置にアイをつける。

スプリングホック

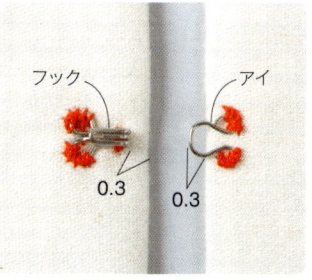

フックは0.3cm控え、アイは0.3cm出す。

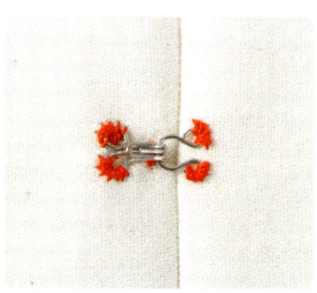

フックをかけると布がつき合わせになる。

まつり縫い

ミシンで縫えないところや縫い目を目立たせたくないときに使うとめ方です。
流しまつり、たてまつりがあり、目的によって、糸のかけ方を変えます。

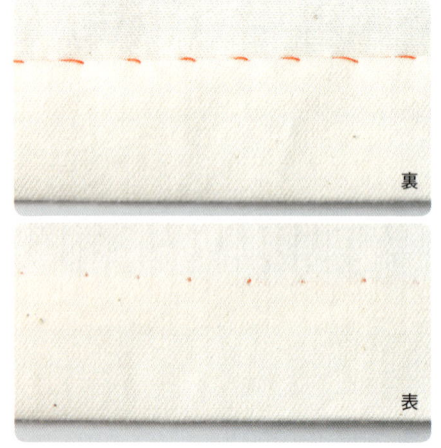

流しまつり
糸が斜めにかかるまつり方。スカートの裾など動きを持たせてとめたいときに用いる。

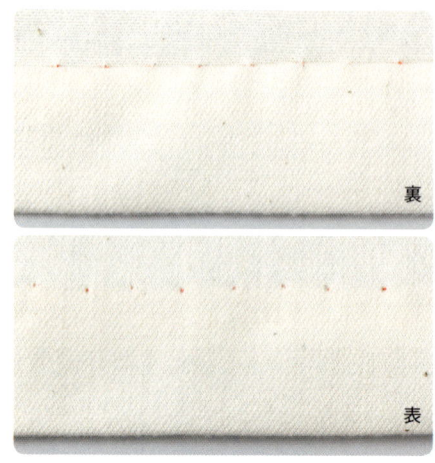

たてまつり
糸が小さく縦に見えるまつり方。しっかり固定したいときに用いる。

流しまつりの縫い方

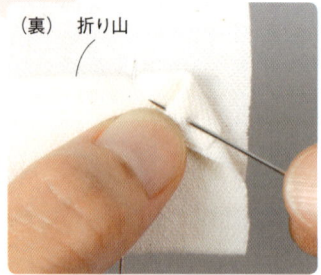

1 縫い始めは、折り代の裏から針を入れ、折り山に針を出す。

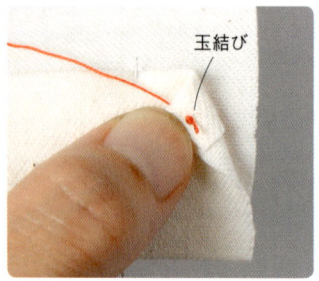

2 玉結びは折り山の裏に隠れる。

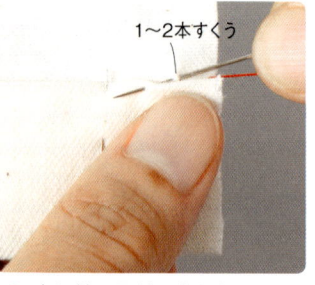

3 表に縫い目が目立たないように、織り糸を1〜2本すくい、そのまま折り山に針を出す。

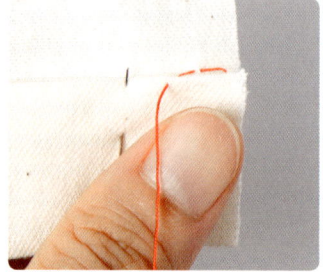

4 1目縫ったところ。

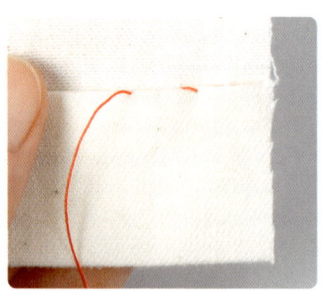

5 同じように折り山と織り糸を交互にすくっていく。指が入らないくらいの間隔が目安。

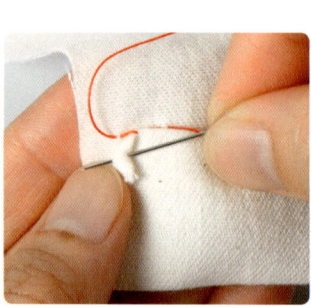

6 縫い終わりは、折り代の裏に針を出す。

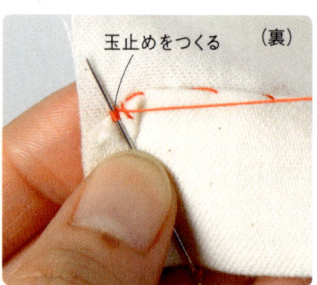

7 玉止めをつくり糸を切る。玉止めは折り代の裏に隠れる。

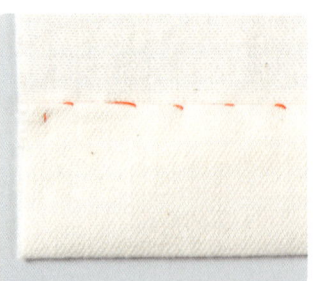

8 出来上がり。

たてまつりの縫い方

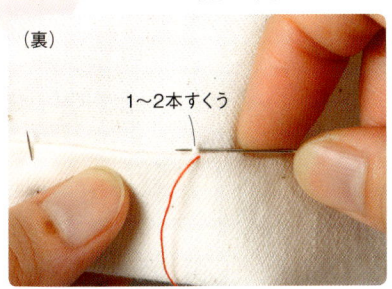

1 縫い始め、縫い終わりは流しまつりと同じ。折り山から出した糸のすぐ上の織り糸を1～2本すくう。

2 そのまま折り代の裏を通り、折り山に針を出す。

3 同じように、折り山と織り糸を縦にすくっていく。

身近なものを縫ってみよう！

Lesson. 4

スカートの裾をまつる

クローゼットの中に、裾がほどけたままになっているスカートはありませんか？ 裾は折り山の端が表にひびかないように折り山の奥を流しまつりでとめます。

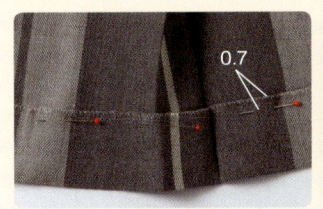

1 裾の布端から0.7cmくらいのところにまち針を打つ。布が上下に動かないようにするため横に打つ。

2 折り代をめくり、玉結びをつくって折り代の裏を1針すくう。

3 表に縫い目が目立たないように織り糸を1～2本すくい、再び折り代の裏を1針すくう。

4 1回縫えたところ。折り代をめくりながらまつる。

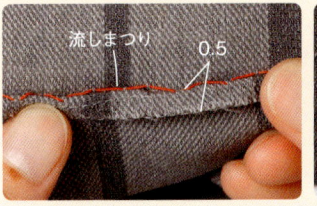

折り代の端から0.5cmくらい奥がまつられた状態。

表に折り山の端の当たりと縫い目が目立たず、裏はまつった糸に引っ掛かる心配もない。

ⓙ 綿レースの巾着

ⓛ 玉レースの巾着

Lesson. 5

巾着

コスメを入れたり、お菓子を入れたり、
1つあると何かと重宝する巾着袋。
まずは手のひらサイズのものを
手縫いでつくってみましょう。
基本の作り方さえ押さえれば
レースやテープなどの飾りや
形のアレンジも楽しめます。

身近なものを縫ってみよう！

Part 2 まずは手縫いをマスター ◆ 身近なものを縫ってみよう！

綿レースの巾着

2枚の四角い布を縫い合わせた巾着。片面にレースをつけ、縫い代は袋縫い（p.56参照）で始末します。

＊出来上がり寸法 12cm×15cm

✂ 実物大型紙 B面・❶

Parts
本体／本体／線レース／リボン

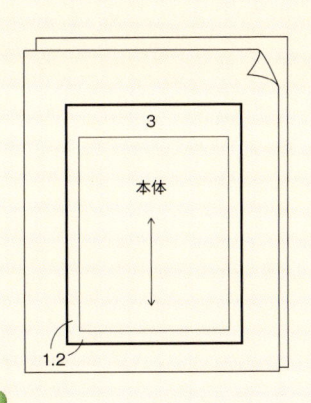

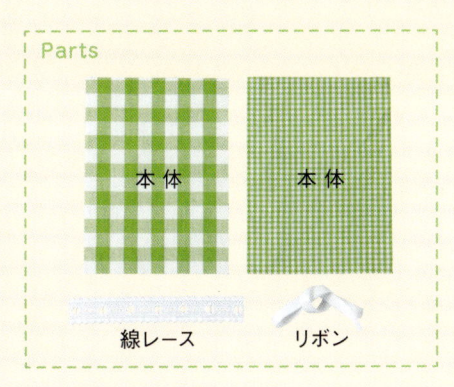

● **材 料**

コットン2種類（チェック）／20cm×25cm 各1枚
綿レース／2.5cm幅×20cm、リボン／1cm幅×40cm 2本

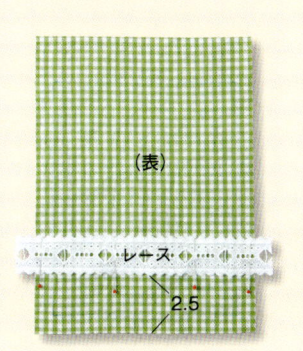

---

1 片方の布の表に綿レースを置き、まち針でとめる。

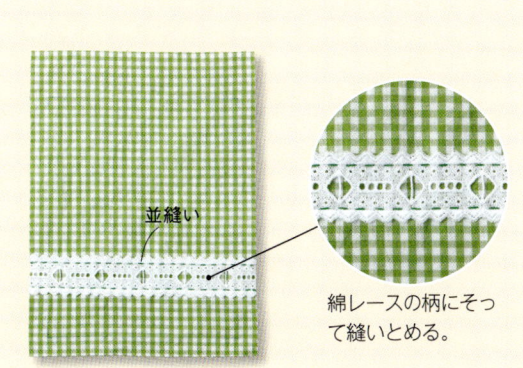

2 綿レースの上下を並縫いで縫いとめる。

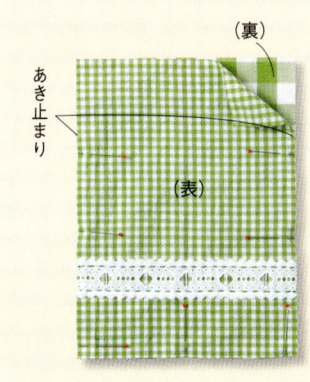

綿レースの柄にそって縫いとめる。

3 2枚の布を外表に合わせ、あき止まりから下をまち針でとめる。

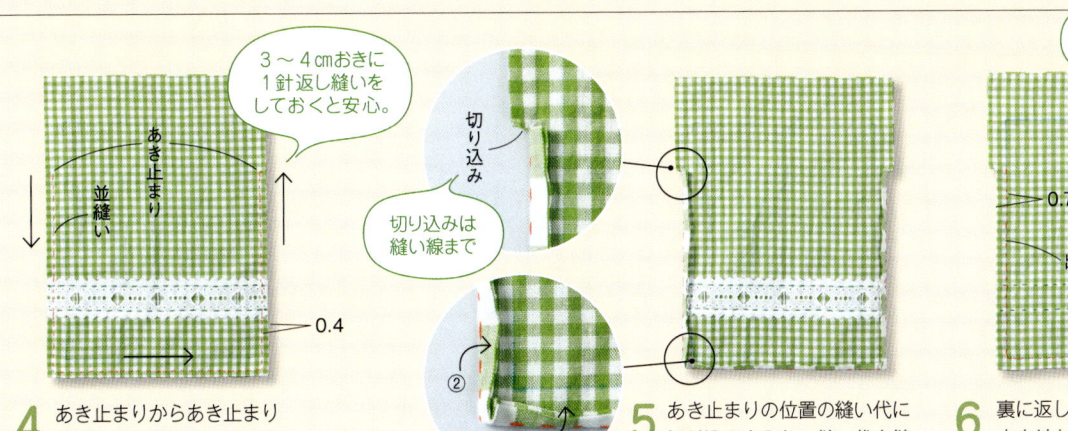

4 あき止まりからあき止まりまでの縫い代を脇、底、脇の順に並縫いで縫う。

（3～4cmおきに1針返し縫いをしておくと安心。）

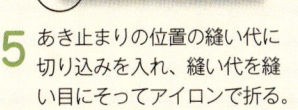

5 あき止まりの位置の縫い代に切り込みを入れ、縫い代を縫い目にそってアイロンで折る。

切り込みは縫い線まで

6 裏に返して中表にし、あき止まりからあき止まりまでの出来上がり線を脇、底、脇の順に並縫いで縫う。

（ここも3～4cmおきに1針返し縫い。）

37

袋縫いにすると裁ち端が中に入るのでほつれる心配がなくなります。

7 縫い代を縫い目にそって、アイロンで折る。

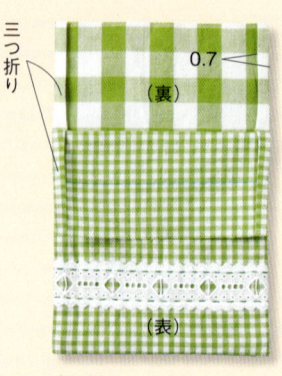

8 表に返し、あき止まりから上の縫い代をアイロンで三つ折りする。

9 縫い代をたてまつりで縫いとめる(p.35参照)。

たてまつりは表に0.1～0.2cmずつ縫い目が出るくらいがきれい。確認しながらていねいに縫って。

10 袋口をアイロンで三つ折りにして、まち針でとめる。

11 袋口をたてまつりで縫いとめる。ひも通し口から見える内側の縫い代もとめておく。

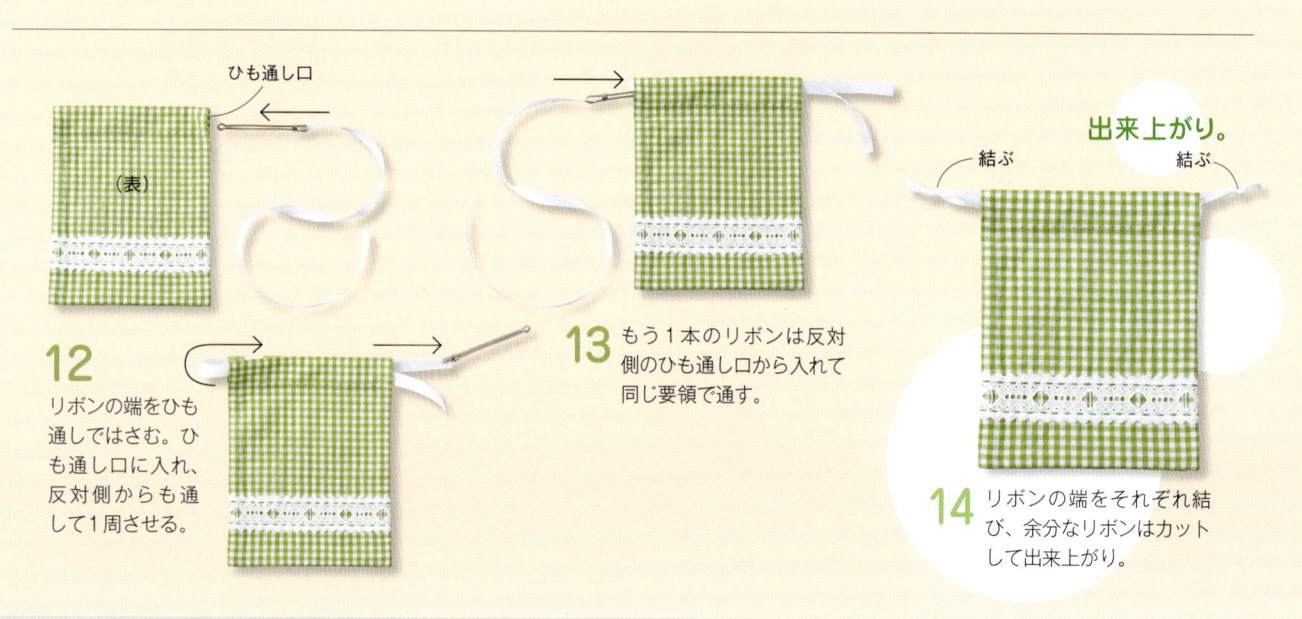

12 リボンの端をひも通しではさむ。ひも通し口に入れ、反対側からも通して1周させる。

13 もう1本のリボンは反対側のひも通し口から入れて同じ要領で通す。

出来上がり。

14 リボンの端をそれぞれ結び、余分なリボンはカットして出来上がり。

身近なものを縫ってみよう！

1枚の布でつくるときは……

わ裁ちの巾着

1枚の布でつくると、ひも通し口は片側だけになります。縫い代は袋縫い（p.56参照）で始末します。

＊出来上がり寸法 16cm×17.5cm

実物大型紙 B面・Ⓚ

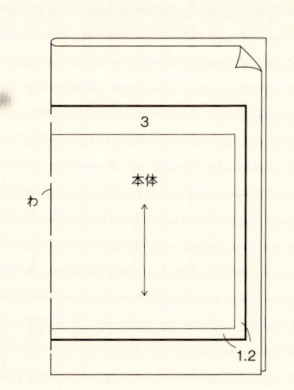

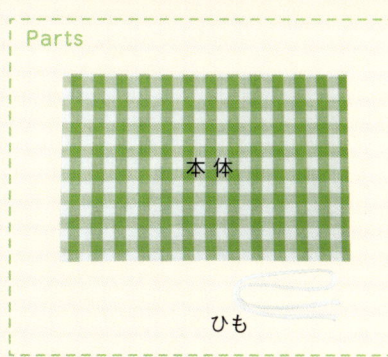

Parts

材料
コットン（チェック）／20cm×30cm 1枚
ひも／0.5cm幅×60cm 1本

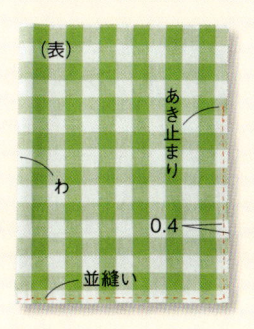

1 布を外表にして折り、あき止まりから脇、底を続けて並縫いで縫う。

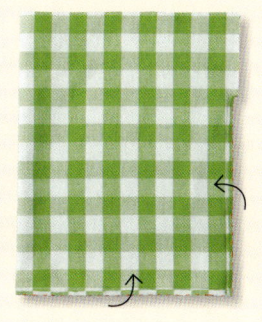

2 縫い代を縫い目にそってアイロンで折る。

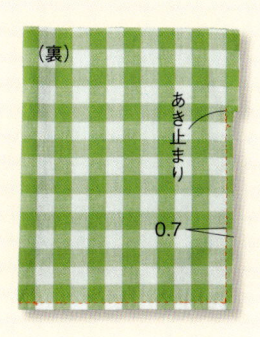

3 裏に返し、あき止まりから脇、底を続けて並縫いで縫う。

4 2と同様に縫い代を折って表に返す。

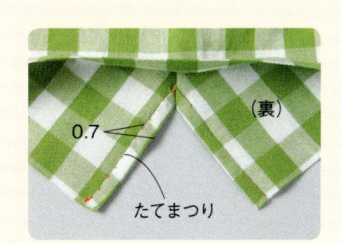

5 あき止まりから上の縫い代をアイロンで三つ折りにして、たてまつりで縫いとめる。

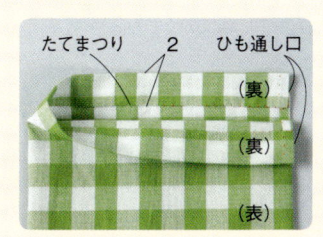

6 袋口の折り代をアイロンで三つ折りにして、たてまつりで縫いとめる。

7 ひも通し口からひもを通す。ひもの先端を結び、余分なひもはカットして出来上がり。

身近なものを縫ってみよう！

玉レースの巾着

底が丸い巾着で、2枚の布の間に玉レースをはさみます。縫い代は袋縫いで始末します。

＊ 出来上がり寸法 12.5cm×14cm

✂ 実物大型紙 B面・❶

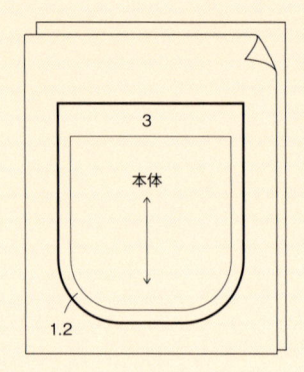

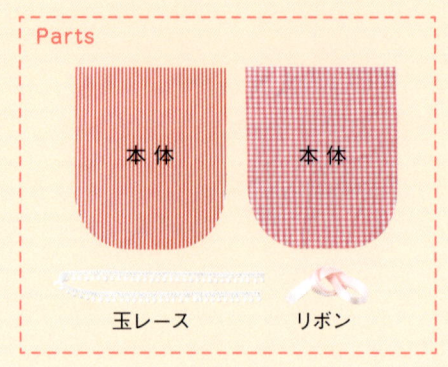

材料

コットン2種類（チェック、ストライプ）／20cm×25cm各1枚
玉レース／20cm、リボン／1cm幅×40cm 2本

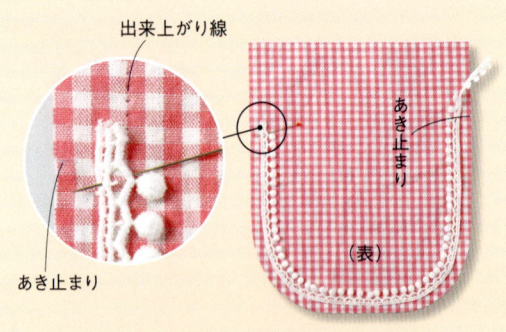

1 片方の布と玉レースを中表に、レースの玉が内側になるように置き、あき止まりからあき止まりまでに玉レースをまち針でとめる。

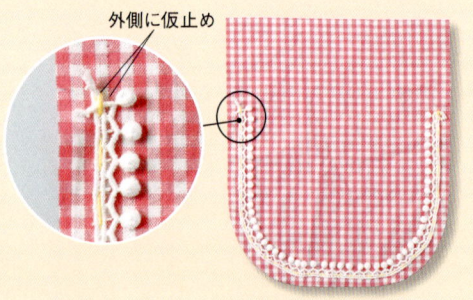

2 出来上がり線の外側（縫い代側）に玉レースを仮止めする。

3 2枚の布を外表に合わせてあき止まりから下をまち針でとめる。

4 あき止まりからあき止まりまでを並縫いで縫う。

5 あき止まりの縫い代に切り込みを入れ、縫い代を縫い目にそってアイロンで折る。

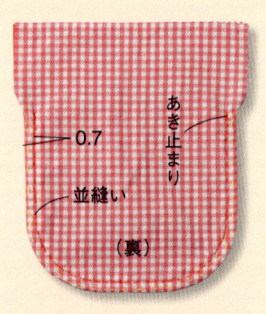

6 裏に返して中表にし、あき止まりからあき止まりまでを並縫いで縫う。縫い代を折って表に返す。

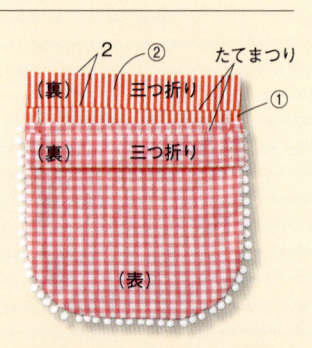

7 ①あき止まりから上の縫い代、②袋口の縫い代を三つ折りにして、たてまつりで縫う（p.38参照）。ひも通し口からそれぞれリボンを通して結び、出来上がり。

Part 3 ミシンを使ってみよう

ミシンについて

どんな種類のミシンがあるのか、選ぶときのポイントや針と糸について見てみましょう。

ミシンの種類

ひと口にミシンといっても、コンパクトな電動ミシンから本格的な工業用ミシンまでさまざま。電気を使わない足踏みミシンから始まり、時代とともに電気の力で動くミシンが登場し、さらに機能が追加されたミシンがどんどん出てきました。また、機能を絞って高性能化した、職業用ミシンやロックミシンなどがあります。どんな種類のミシンがあって、自分の欲しいミシンはどれなのか、よく知ってから購入するといいでしょう。

ミシンに最低限ついていてほしい機能
直線縫い、ジグザグミシン、ボタンホール、フットコントローラーなど
＊フットコントローラーはオプションの場合もある。

家庭用ミシン

電動ミシン
とてもシンプルな構造の電気の力で動くミシン。低速では弱く、高速にするとパワーが出る。

電子ミシン
機能が電子制御されているミシン。電動ミシンよりも縫い目に狂いが生じにくく、低速でもパワーがあるのが特徴。縫い方などの設定は手動で行う。

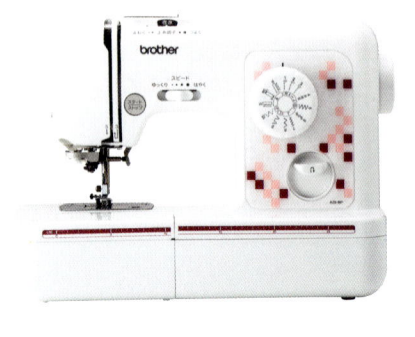

コンピューターミシン
コンピューターを内蔵した多機能なミシン。操作パネルが液晶画面になっているのが特徴。ボタンやダイヤルの操作で多様な縫い方ができ、ボタンホールなども縫える。ボビンケースが不要な水平釜が一般的で、釜にそのままボビンをセットでき、下糸の残量が一目でわかって便利。

水平釜

→ さらに機能をプラス

刺しゅうミシン
コンピューターミシンに刺しゅう機能をプラスしたミシン。実用縫いの他に刺しゅうの模様が何千種類も内蔵された機種もある。

こんなミシンもあります ➡ 直線縫いのみのミシン

職業用ミシン
直線縫いのみの一般家庭向けミシン。ジグザグミシンや飾り縫いなどのステッチは一切ない。家庭用ミシンよりもパワーがある。下糸調子が調整できる垂直釜が主流で、縫い目がきれいなのが特徴。規格が統一されているので、工業用の押え金やアタッチメントを流用できる。

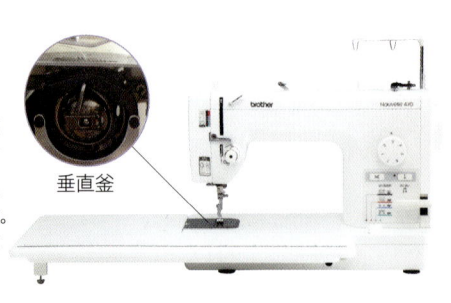

垂直釜

◆ 昔ながらのスタイルのミシン

足踏みミシン
電動ミシンが登場するまで主流だったミシン。踏み板を上下させることでベルトを回し、その回転を動力として針を動かします。職業用ミシンと同じく、工業用の押え金やアタッチメントが使えます。シンプルな構造やノスタルジックで美しい形から愛用者も多いミシンです。

Part 3 ミシンを使ってみよう ◆ ミシンについて

➡ 裁ち端の始末ができるミシン

ロックミシン

縁かがり専用のミシンで既製品の布端はこのミシンで始末されている場合が多い。直線縫いのミシンは2本の糸で縫うが、ロックミシンは2本ロック、3本ロック、4本ロック（写真）と種類があり、糸を2〜4本使って縫う。家庭用ミシンでは、ジグザグミシンで代用されることが多い。

> ソーイングに慣れてくると欲しくなるミシン。4本ロックはニット地の縫い合わせもできます。

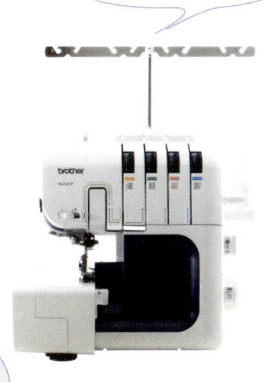

◆ 工場などで使われているミシン

工業用ミシン
ボタン付け専用、穴かがり専用など、一つの機能に特化したミシン。既製服を大量に生産する工場などで使われます。パワーがあり耐久性にも優れています。

ミシンの針と糸 ◆

ミシンで縫うときに必ず用意するのが針と糸。ミシン針はミシンに付属されていますが、予備や他のサイズも用意しておくと安心です。

ミシン糸には木綿糸、絹糸、ポリエステル糸があります。一般によく使われるのが、すべりがよく、丈夫なポリエステル糸です。針や糸の太さは、表を参考にしながら、縫う布の厚さや種類によって選びます。普通地でも、縫い重ねることを考えると、厚地用とされている14番の針でよいこともあります。1枚で縫うことはほとんどないので、そのあたりも考慮して選ぶのがベストです。わからないときは、布を購入するときに（または糸を購入するときに布を持っていき）、お店の人に聞きましょう。

ミシン糸
90番 / 60番 / 30番
シャッペスパン（フジックス）は色数の豊富なミシン糸の1つ。

ミシン針
最初は、いろいろな太さの針がセットになっているものがおすすめ。

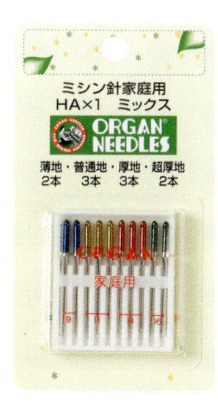

> 糸は数字が大きくなるほど細く、針は数字が大きくなるほど太くなります。

	薄地	普通地	厚地
針	7〜9番	9〜14番	14〜16番
糸	90番	60番	30番

ミシンの各部名称と役割

ミシンにはいろいろなボタンやレバーがあります。
使い始める前に、まずは各部の名称とその役割を確認しておきましょう。
機種によって、ボタン、レバーの形や位置、名称は違いますが、その役割は同じです。

＊本書では、brotherの「teddy 50」で説明しています。

正面

上糸調整ダイヤル
糸調子は上糸の調子を強くしたり弱くしたりすることで調整。ゆるめたいときは「よわく」、きつくしたいときは「つよく」のほうに回す。通常は自動の位置に。

スピードコントロールレバー
左右に動かして縫う速度を調節する。下糸を巻くときは高速で。

下糸巻き軸
下糸を巻くときにボビンの穴に差し込む軸。

針上下ボタン
プーリーを回さずに針を一番上と一番下に切り替える。2回押すと1針縫える。

返し縫いボタン
ボタンを押している間は、逆方向に縫える。

スタート・ストップボタン
縫う、とまるの操作を手元でするボタン。

糸通しレバー
糸通し装置で針に糸を通すときに使うレバー。

プーリー（はずみ車）
手前に回して針を上げ下げする。1針ずつ送りたいときはプーリーを回しながら縫う。

模様選択パネル
縫い目の長さ、振り幅などを設定するパネル。縫いたい模様（ステッチ）は下のダイヤルを回して選ぶ。

補助テーブル
袖口など筒状のものを縫うときは、このテーブルを外して縫う。テーブルの下に、押え金やボビンが収納できるスペースがある。

フットコントローラー
足で踏むことで、縫う、とまるの操作をするもの。踏み込み具合によって縫うスピードをコントロールできる。縫うときに両手が使えるのがメリット。

メンテナンスについて
ボビンを入れる釜は、ほこりがたまりやすいので、使ったあとは必ず付属のブラシで掃除をしましょう。先の細いノズルを掃除機につけて吸い取るのもよい方法です。

ミシンを使ってみよう ◆ ミシンの各部名称と役割

上部

下糸巻き案内
下糸をボビンに巻くときに糸をかけるところ。

糸立て棒
ミシン糸を差し込んでセットする棒のこと。

糸こま押え
ミシン糸を差し込んだ後、動かないように押さえるもの。

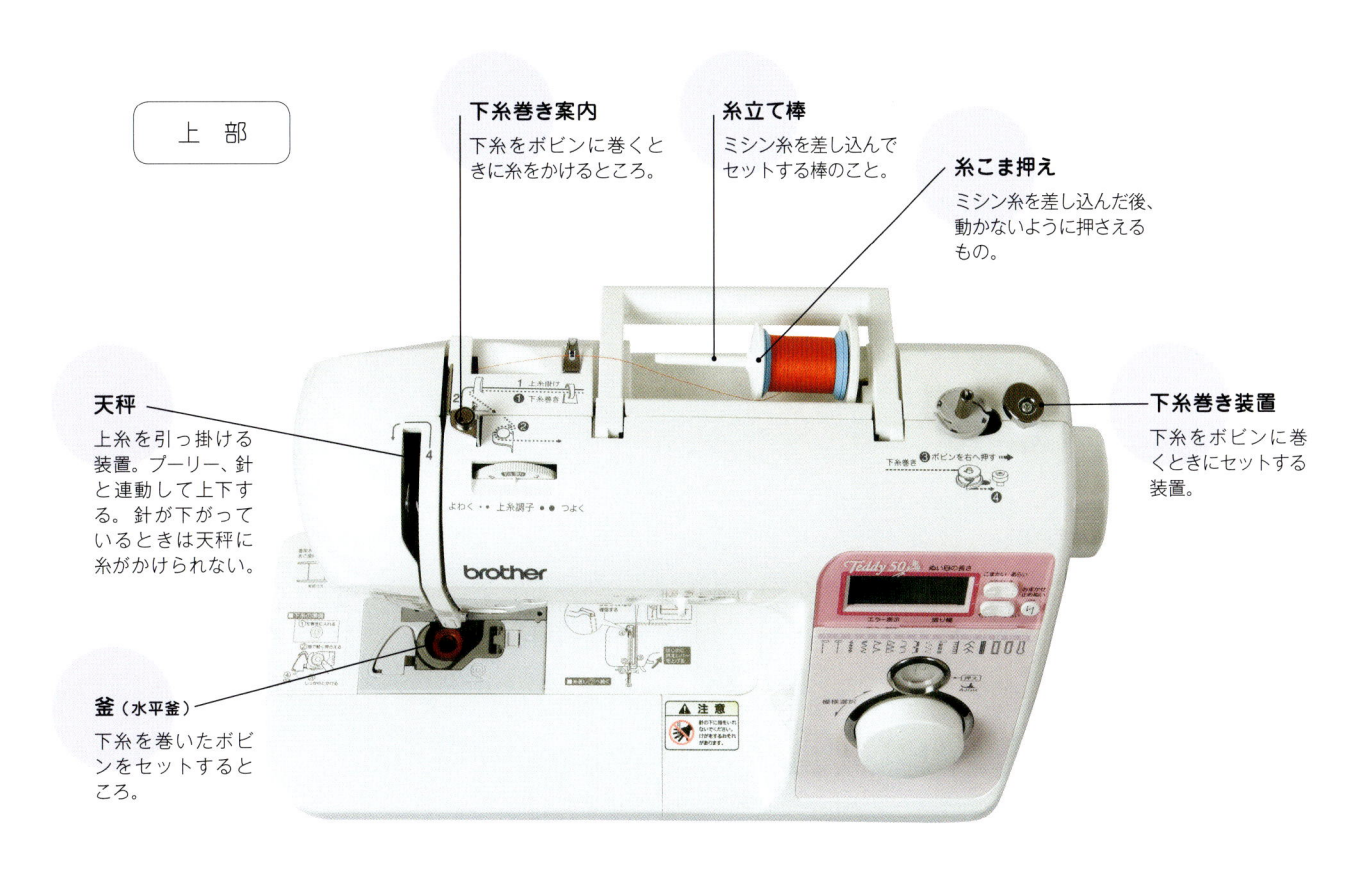

下糸巻き装置
下糸をボビンに巻くときにセットする装置。

天秤
上糸を引っ掛ける装置。プーリー、針と連動して上下する。針が下がっているときは天秤に糸がかけられない。

釜（水平釜）
下糸を巻いたボビンをセットするところ。

針まわり

横から見たところ

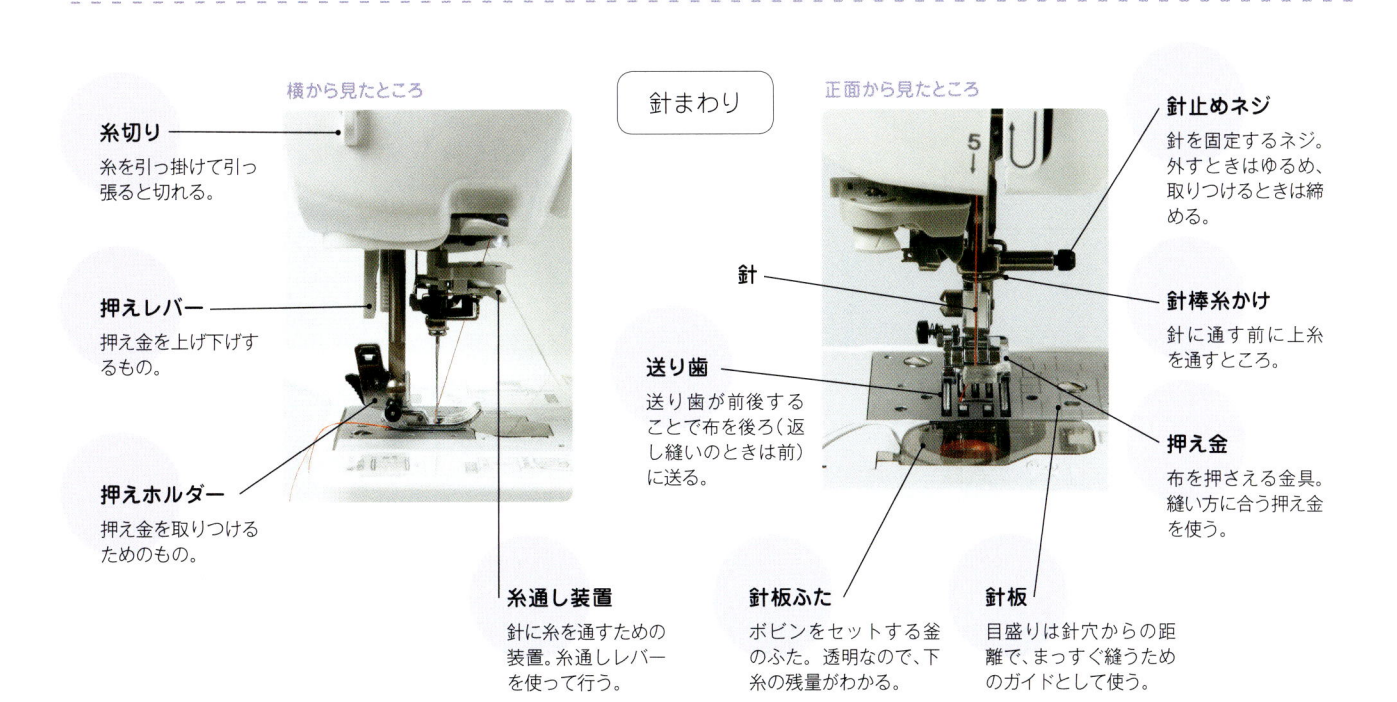

糸切り
糸を引っ掛けて引っ張ると切れる。

押えレバー
押え金を上げ下げするもの。

押えホルダー
押え金を取りつけるためのもの。

正面から見たところ

針止めネジ
針を固定するネジ。外すときはゆるめ、取りつけるときは締める。

針

針棒糸かけ
針に通す前に上糸を通すところ。

送り歯
送り歯が前後することで布を後ろ（返し縫いのときは前）に送る。

押え金
布を押さえる金具。縫い方に合う押え金を使う。

糸通し装置
針に糸を通すための装置。糸通しレバーを使って行う。

針板ふた
ボビンをセットする釜のふた。透明なので、下糸の残量がわかる。

針板
目盛りは針穴からの距離で、まっすぐ縫うためのガイドとして使う。

下糸の準備

一般的なミシンはミシン本体に順にかけてから針に通す上糸と、ボビンに巻いて釜にセットする下糸の2本の糸を使って縫います。まずは使用するミシン糸をボビンに巻き、下糸の準備をします。途中で足りなくなったりしないよう、十分な量を巻いておきましょう。

ボビンに糸を巻く

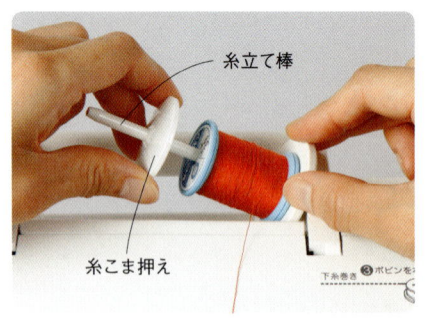

糸のかけ方はそれぞれのミシンによって違います。そのミシンのガイドに従って正しくかけましょう。

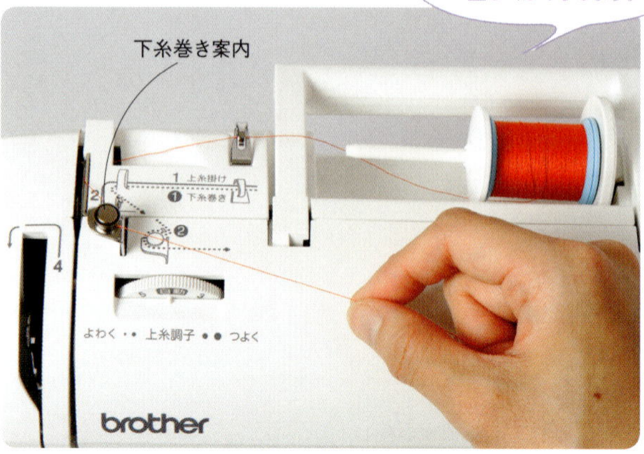

* ボビン
ミシンの下糸を巻くもの。金属製とプラスチック製がある。ミシンによってサイズがあるので、購入するときは必ずサイズを確認すること。

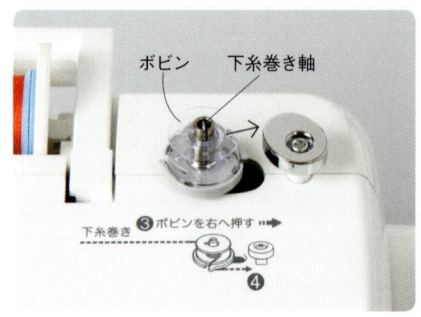

1 使用するミシン糸を糸立て棒に差し込み、糸こま押えを入れて糸が動かないようにする。

2 下糸巻き案内に糸をかける。

3 ボビンのミゾと下糸巻き軸のバネを合わせて入れ、カチッと音がするまで右に押す。

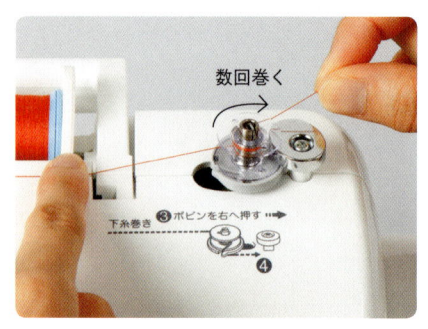

4 糸を左手で押さえ、右手で時計回りに数回ボビンに巻く。

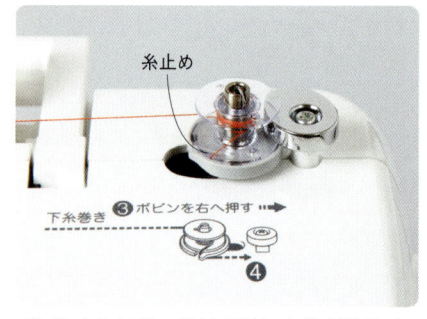

5 糸止めに引っ掛けて巻いた糸がゆるまないようにする。

フットコントローラーを踏んでもOKです。

6 セットが完了したらスタート・ストップボタンを押す。

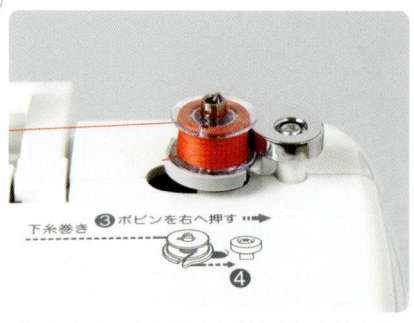

7 糸のセットを確実に行えば、自然ときれいに糸が巻かれていく。

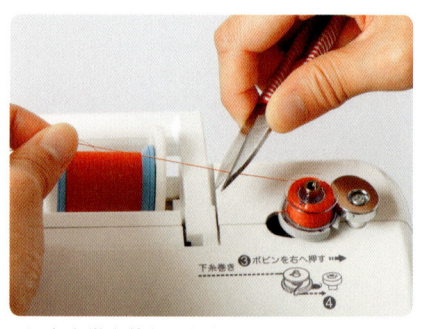

8 糸を巻き終わったら、スタート・ストップボタンを押してとめ、糸を切る。

糸がきれいに巻かれているかチェック！

糸がボビンに均等にきれいに巻かれていればOK。糸のかけ方を間違えると、写真右のようにゆるくなったり、片寄ったり、糸調子が悪くなる原因になります。

下糸をセットする（水平釜の場合）

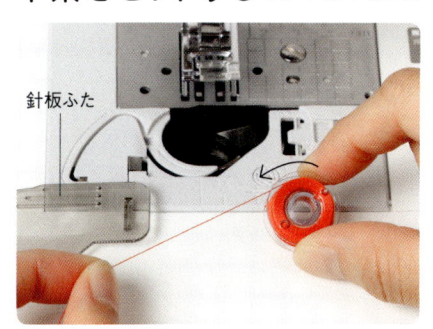

1 針板ふたを開け、下糸が反時計回りになるように持つ。

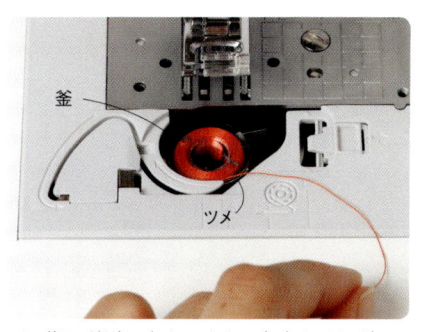

2 釜にボビンをセットし、糸をツメに引っ掛ける。

3 ボビンを指で押さえながら、ミゾに糸をしっかりと引っ掛ける。針板ふたを元に戻す。

> **垂直釜の場合**
>
> 家庭用ミシンは水平釜が一般的ですが、垂直釜のミシンもあります。垂直釜は、ボビンケースにボビンを入れてミシンにセットします。ボビンケースのネジをゆるめたり、締めたりすることで、下糸の調子を調整することができます。 
>
> **1** 下糸が時計回りになるようにボビンを持つ。 
>
> **2** ボビンケースに入れ、ケースのミゾにそって糸をかける。 
>
> **3** 糸を10cmほど出して釜にセットする。

上糸の準備

上糸は、両手で糸を張った状態でかけていきます。「かけたつもり」が糸調子が合わない原因になっていることも。
ひとつひとつ確認しながら順番にかけていきましょう。

上糸の通し方

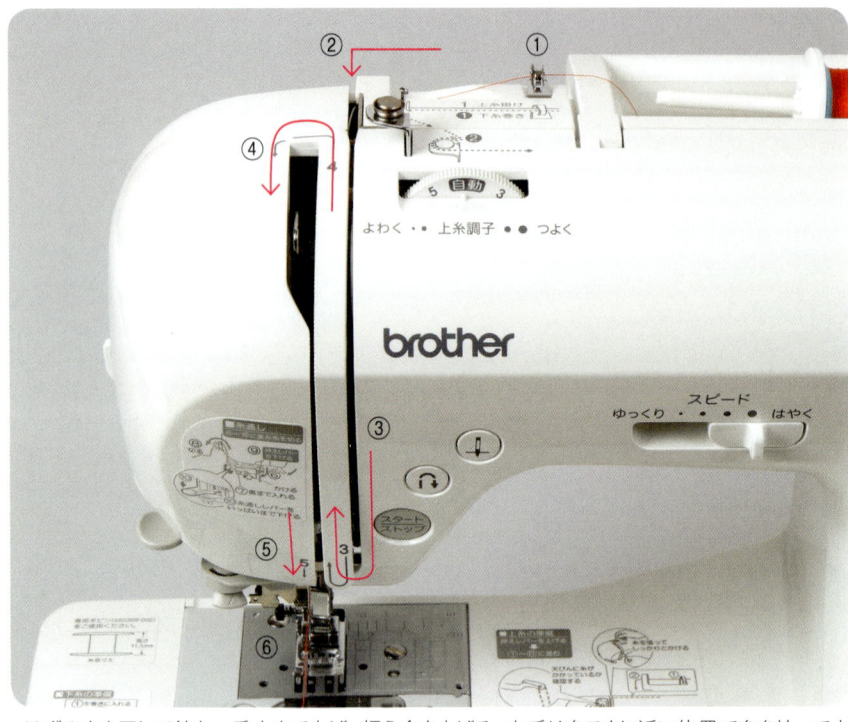

はずみ車を回して針を一番上まで上げ、押え金を上げる。右手は糸こまに近い位置で糸を持って支え、左手で順番にかけていく。

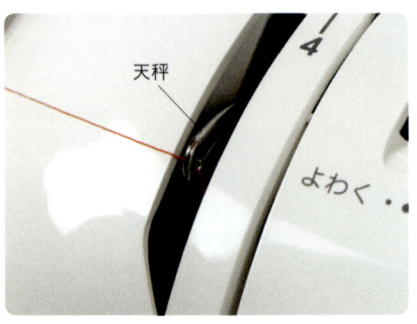

④天秤にかけたら、左手で少し糸を引いてみて、ここまできちんとかかっているかをチェック。

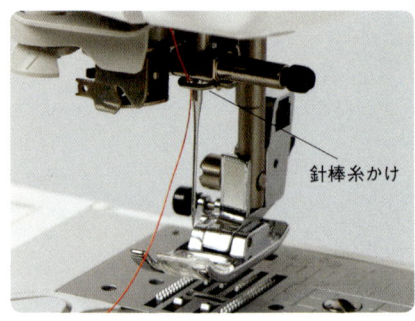

⑥最後は針棒糸かけに通してから、針穴に糸を通す。

ミシン針に糸を通す …… 自動糸通しの場合

自動糸通しを使わない場合は、針穴の前から後ろへ向かって糸を通します。

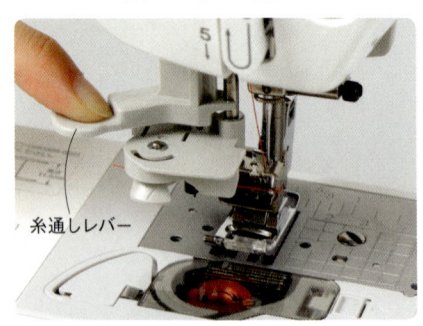

1 糸通し装置がついている場合は、糸通しレバーを下げて、糸をかける。

2 糸通しレバーを上げると、ミシン針の穴に糸がわの状態で入る。

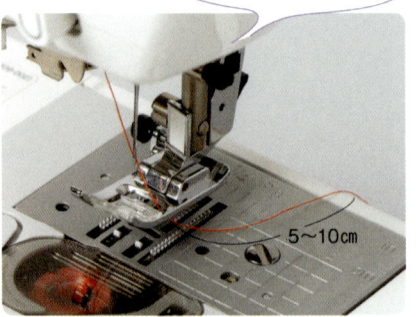

3 わの糸を引き抜いて、針に糸を通す。上糸は、押え金の下を通して後ろに5〜10cm出しておく。

こんなときは……

針の交換 針を替えるときは、必ず電源を切り、針を上げた状態で作業します。

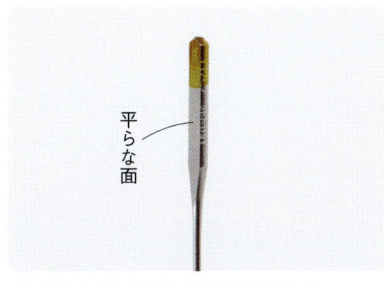

1 ミシン針の平らな面を確認する。

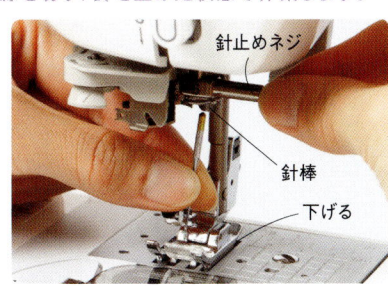

2 押え金を下げ、針止めネジをゆるめ、針の平らな面を後ろ側に向けて針棒に差し込む。

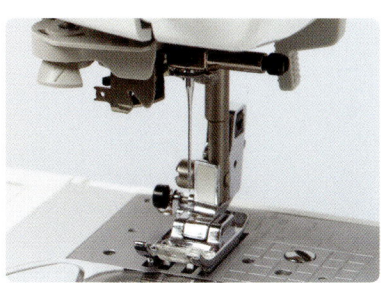

3 奥まで針を入れたら、ネジを締めて固定する。

押え金の交換 押え金を替えるときは、針を上げた状態で作業します。ファスナー押え（片押え）、ボタンホール押え、飾り縫い用の押えなど、縫うものに適した押え金を使って縫いましょう。

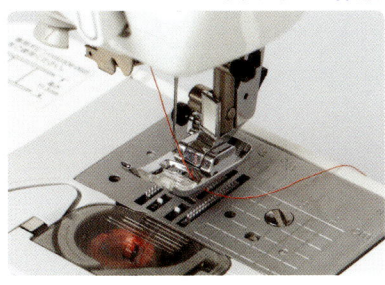

市販のものを使用する場合はお持ちのミシンとの互換性を確認してから購入しましょう。

1 押えレバーを上げて、押え金を上げる。

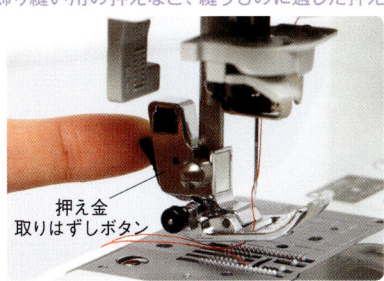

2 押えホルダーの後ろの押え金取りはずしボタンを押す。

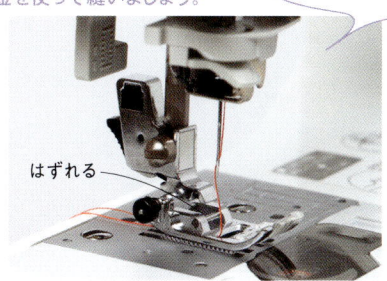

3 押え金がはずれる。

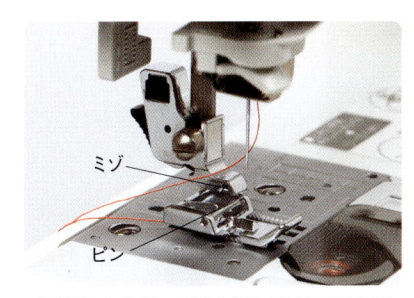

4 押えホルダーのミゾに、取りつけたい押え金のピンの位置を合わせて置く。

5 押えレバーを下げて、ミゾにピンをはめる。

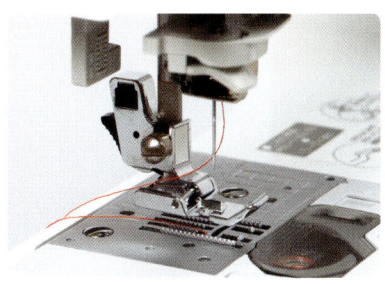

6 押えレバーを上げ、きちんと装着されているか確認して完了。

基本の縫い方

糸の準備ができたら、まず試し縫いをしてみましょう。糸調子などを確認するためにはもちろん、初めて使うミシン、久しぶりに使うミシンなら、内蔵されている縫い目をひと通り縫ってみるのも楽しいです。

縫うときの姿勢、手の位置

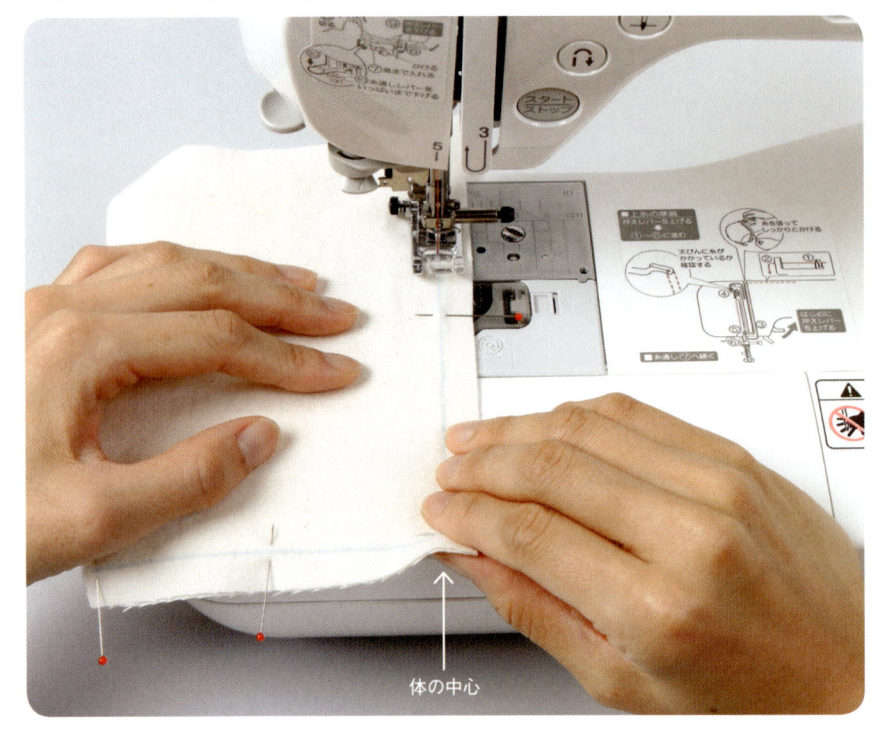

いきなり縫い始めるのではなく まずは端切れで試し縫いをして 糸調子や縫い目の長さを 確認しましょう。

- ミシンは安定した台に置き、台に合う高さに座る。
- 自分の体の中心を、針の位置に合わせる。
- 右手は針の手前で布端を持ち、左手は針の脇で布を軽く押さえ、両手で布を支える。

縫う位置の目安

出来上がり線の印をせずに縫い代寸法で縫う場合は、押え金の幅や針板の目盛りに縫い代寸法を見つけてガイドにし、そこに布端を合わせて縫う。

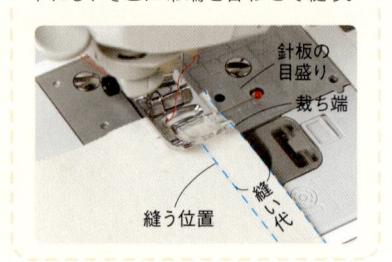

針板の目盛り / 裁ち端 / 縫う位置 / 縫い代

体の中心

直線縫い（本縫い）

布を縫い合わせるときの縫い始めと縫い終わりは、糸がほどけてこないように必ず返し縫をします。

1 直線縫いを選択して、縫い目の長さを調整する。

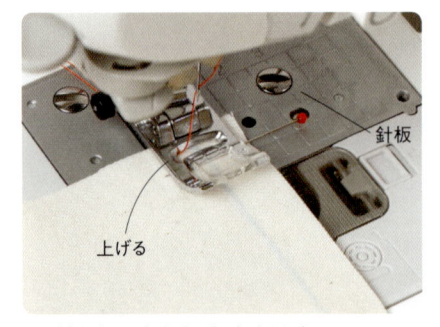

2 針と押え金を上げ、布を置く。
上げる / 針板

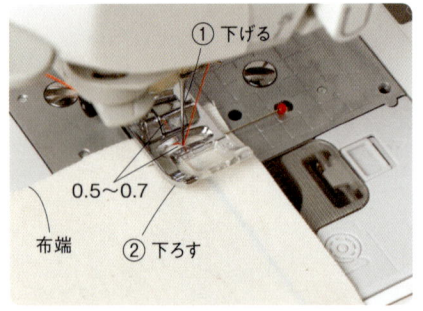

3 布端から0.5～0.7cmの出来上がり線の上に①針を下ろし、②押え金を下ろす。
①下げる / 0.5～0.7 / 布端 / ②下ろす

50

Part 3 ミシンを使ってみよう ◆ 基本の縫い方

フットコントローラーを使わない場合はスタート・ストップボタンで。

返し縫いボタンを押している間は、後ろに進みます。

1針手前
返し縫い

スタートストップ
返し縫いボタン

4 返し縫いボタンを押しながらフットコントローラーを軽く踏み、布端より1針手前まで縫う。

5 返し縫いボタンから指を離し、4で縫った上に重ねて、手前に縫い進める。

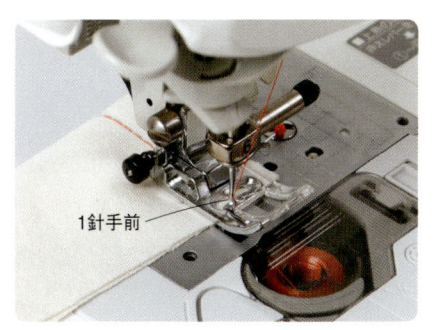

1針手前

返し縫い

6 縫い終わりは、布端の1針手前まで縫ってとめる。

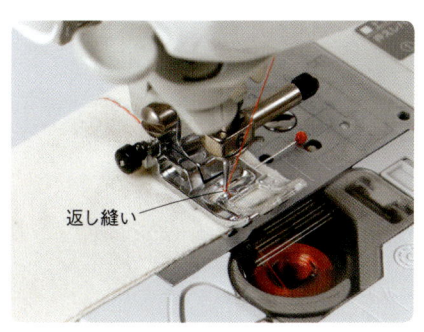

7 返し縫いボタンを押し、2～3針ほど返し縫いをする。

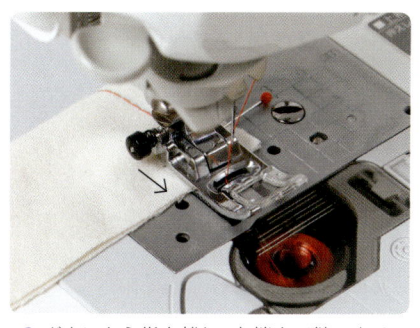

8 ボタンから指を離し、布端まで縫いきる。

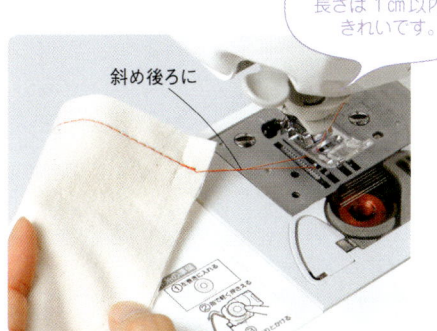

返し縫いをする長さは1cm以内がきれいです。

斜め後ろに

9 押え金を上げて、針を一番上まで上げた状態で布を斜め後ろに引く。

10 縫い目の最後で糸を切る。

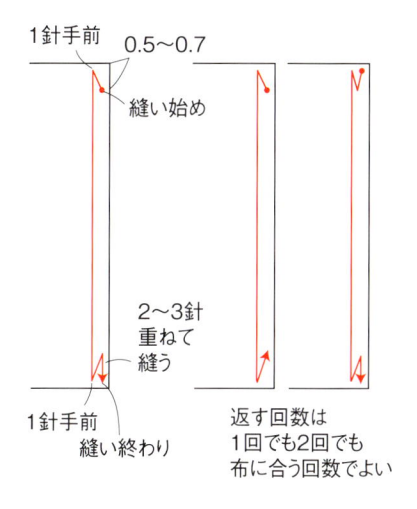

1針手前　0.5～0.7
縫い始め
2～3針重ねて縫う
1針手前
縫い終わり
返す回数は1回でも2回でも布に合う回数でよい

51

気をつけたい縫い方

角や曲線、返し縫いボタンを使わないときの縫い方です。
縫っている途中で布を動かすときは、必ず針を落とした（下ろした）状態で押え金を上げます。

角の縫い方

1 角まで縫ったら、針を布に落としたまま押え金を上げ、布を回転させて方向を変える。

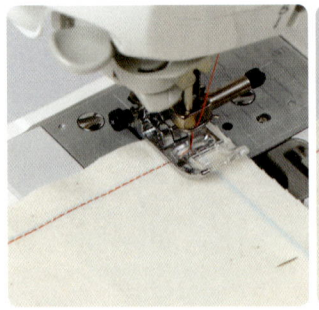

2 押え金を下げ、再び縫い進める。

曲線の縫い方

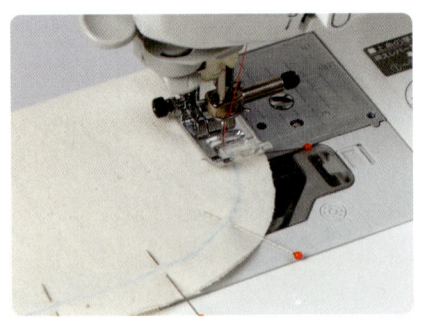

1 曲線に差し掛かったら、針を布に落とした状態で一度ストップ。

2 押え金を上げて、布を回転させて少し方向を変える。

3 押え金を下げ、再び縫い進める。

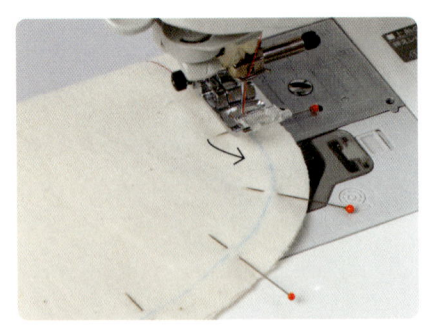

4 そのまま縫い進められなくなったらストップ。押え金を上げて布を回転させ、また少し方向を変える。

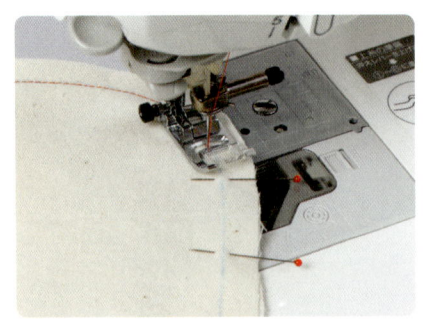

5 同様にして、少しずつ布を動かしながらゆっくり縫い進める。

> 薄地などの場合、返し縫いボタンを使って縫うと布を巻き込むことがあるので、布を動かして返し縫いをしましょう。

返し縫いボタンを使わない返し縫い

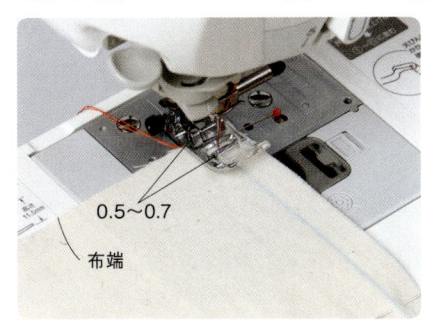

1 布端から0.5〜0.7cm手前の出来上がり線の上に針を落とす。

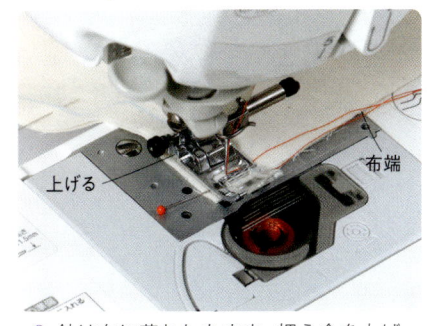

2 針は布に落としたまま、押え金を上げ、布を180度回転させる。

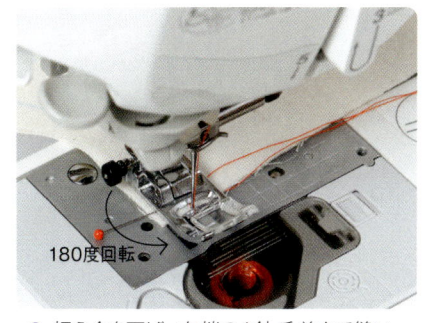

3 押え金を下げ、布端の1針手前まで縫い、180度回転させる。縫い始めの返し縫いが出来た。

4 縫い終わりまで縫い進める。

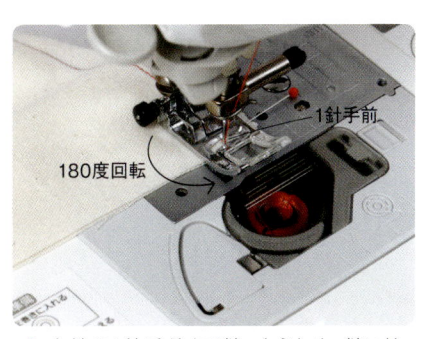

5 布端の1針手前まで縫ったらとめ、縫い始めと同様に布を回転させて返し縫いをする。

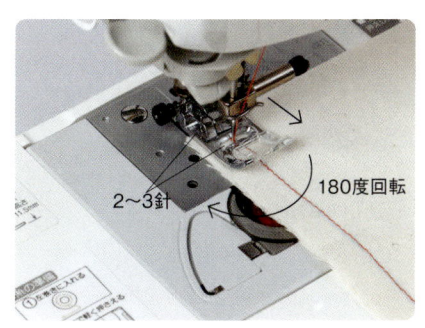

6 押え金を下げ、2〜3針ほど重ねて縫い、180度回転させる。

7 布端まで縫う。

> **ミシンで縫うときはまち針に注意**
>
> まち針の上にミシン針がのらないように注意して縫いましょう。心配なときは、まち針の1針手前で一度ミシンをとめ、まち針をはずしてから再び縫い進めます。

Part3 ミシンを使ってみよう ◆ 気をつけたい縫い方

縫い代の始末

布を裁断したままにしていると、裁ち端の織り糸がほつれてきます。
裏地をつけない1枚仕立ての場合、縫い代の端は裏側に見える状態になるので必ず始末をします。

裁ち端の始末

裁ち端がほつれてこないよう、ジグザグミシン、捨てミシン、端ミシンのいずれかをかけます。ロックミシン（p.42参照）がある場合はロックミシンで裁ち目かがりをします。

ジグザグミシン
裁ち端の際をジグザグに縫う始末。薄地には不向き（p.59参照）。

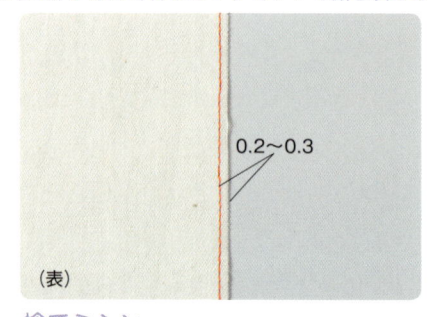

捨てミシン
裁ち端から0.2～0.3cm内側にミシンをかけて、織り糸がほつれるのを防ぐ最もシンプルな始末。

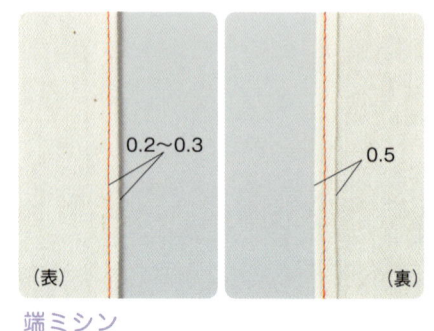

端ミシン
裁ち端を折って、折り山の端にミシンをかけること。折り幅は0.5cmくらいで、ミシンは、折り山から0.2～0.3cmを目安にかける。裁ち端にジグザグミシンがかけにくい布地などに向く。

縫い合わせた後の縫い代の始末

2枚の布を縫い合わせた後、縫い代は割るか、片返しにします。
必ずアイロンで押さえて落ち着かせましょう。

縫い代を割る
縫い代を2枚とも片側に倒すと、厚みが出すぎてしまう場合など、縫い線をフラットに仕上げたいときに。

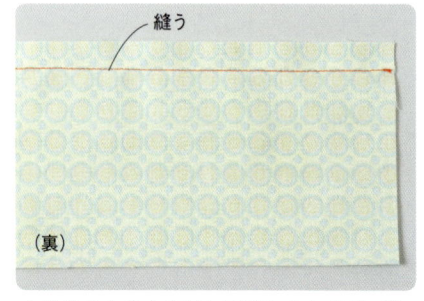

1　2枚の布を中表にして縫い合わせる。裁ち端の始末をする場合は縫う前にしておく。

2　2枚の布を開いて、縫い代を割り、縫い目にそってアイロンをかける。

縫い代を片返しにする
どちらか一方に縫い代を倒すこと。薄地は縫い目が布に負担をかけやすいので片返しにするほうが安心。

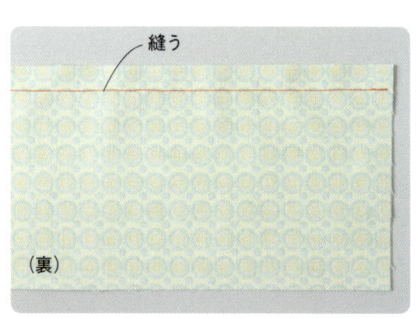

1　2枚の布を縫い合わせる。裁ち端の始末をする場合は、縫い合わせた後、2枚一緒に始末する。

2　縫い代をどちらか一方に倒し、縫い目にそってアイロンをかけて2枚の布を開く。

折り代の始末

裾、袖口、袋口、ポケット口など、縫い合わせない箇所の始末です。二つ折りと三つ折りがあります。

二つ折り ◆ 裏に1回折って縫う。裁ち端が見える状態になるので、あらかじめ裁ち端は始末しておく。

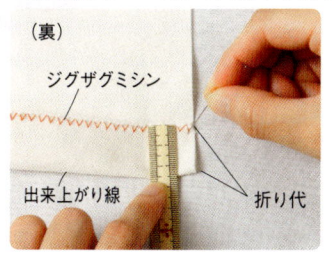

1 裁ち端を始末し、アイロン台の上で折り代の寸法を測りながら出来上がり線で折る。

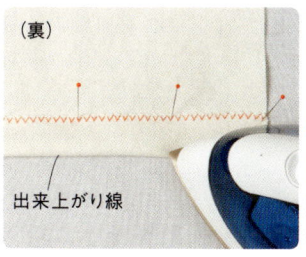

2 動かないようにまち針でとめ、出来上がり線をアイロンで押さえる。

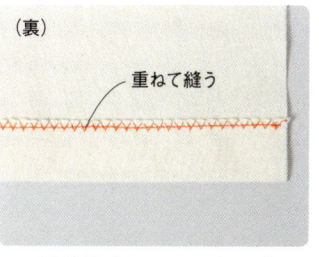

3 ジグザグミシンの上に重ねるようにミシンをかける。

三つ折り ◆ 裏に2回折って縫う。裁ち端は三つ折りの中に隠れる。三つ折りには折り方が2種類ある。

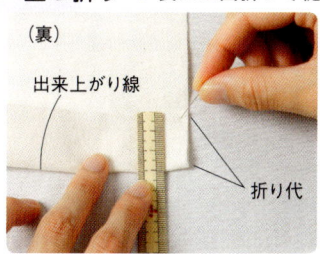

1 アイロン台の上で、折り代の寸法を測りながら出来上がり線で折る。

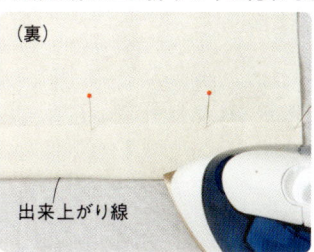

2 動かないようにまち針でとめ、出来上がり線をアイロンで押さえる。

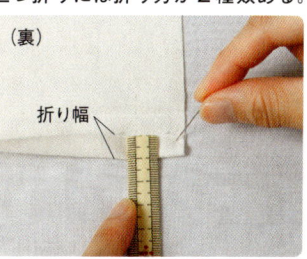

3 折り代を開き、折り幅（三つ折りの内側に入る部分）を測りながら、同じようにまち針でとめる。

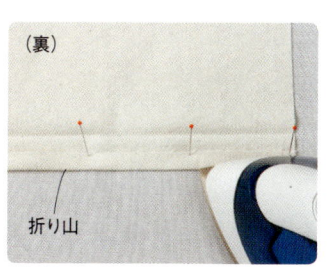

4 折り山をアイロンで押さえる。

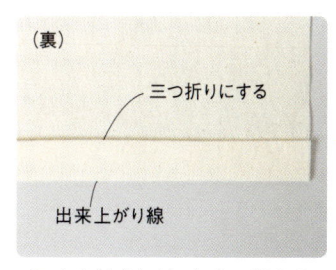

5 まち針をとり、もう一度2の出来上がり線で折って、アイロンで押さえ、三つ折りにする。

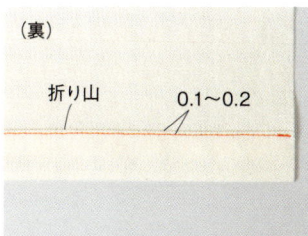

6 折り山の際（0.1～0.2cm）にミシンをかける。

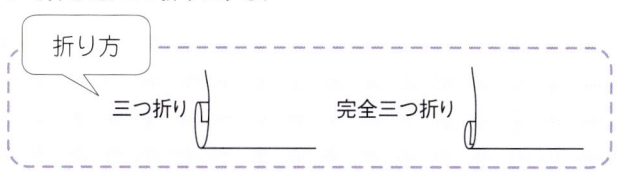

折り方: 三つ折り / 完全三つ折り

完全三つ折り ◆ 折り代を半分に折る

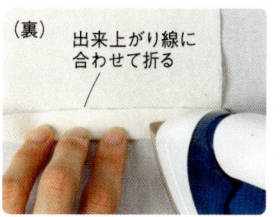

1 出来上がり線で折ってから折り代を開き、裁ち端を出来上がり線に合わせて折り代を半分に折り、アイロンで押さえる。

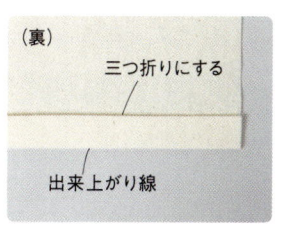

2 もう一度出来上がり線で折って、アイロンで押さえ、三つ折りにする。ミシンのかけ方は三つ折りと同じ。

裁ち端が見えない縫い代の始末

織り糸がほつれやすい場合や、裁ち端を見えないようにしたい場合は、裁ち端が外に出ない縫い方にします。

袋縫い ◆ 裁ち端を袋の中に収める始末。薄地や透ける素材のときに。縫い代は1.2cmつける。

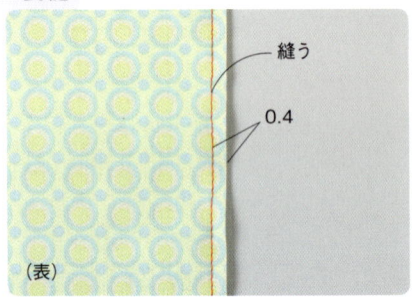

1 縫い合わせる2枚の布を外表にし、裁ち端より0.4cmのところを縫う。

2 縫い合わせた線で中表に折り、アイロンで押さえる。

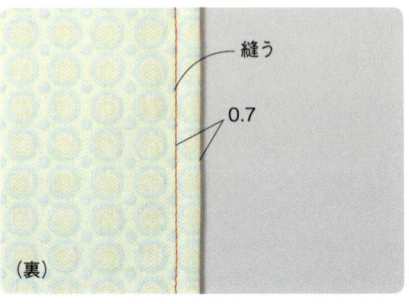

3 0.7cmのところを縫う。ここが出来上がり線。

4 縫い代を片返しにしてアイロンで押さえる。

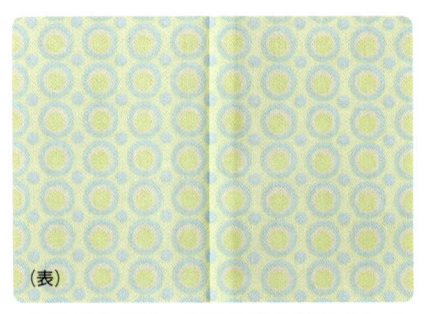

5 出来上がり。表は通常の縫い合わせと同じ。

裏は裁ち端が縫い代の内側に入った状態になる。

割り伏せ縫い ◆ 裏側の縫い代のゴロつきを押さえたいときの始末。表にステッチが2本入る。縫い代は1.5cmつける。

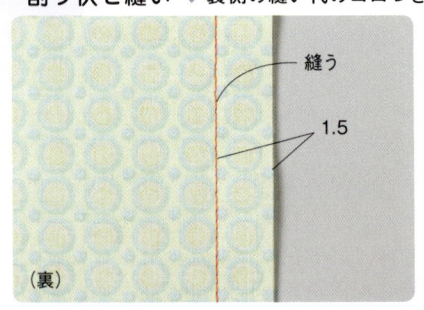

1 2枚の布を中表にして出来上がり線を縫い合わせる。

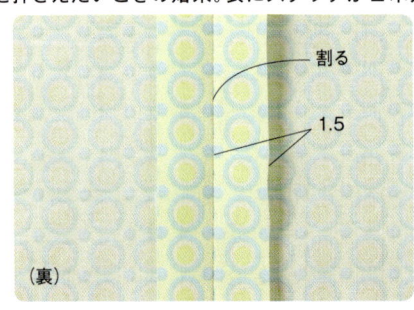

2 縫い代をアイロンで割る。

3 裁ち端を内側に折り、アイロンで押さえる。

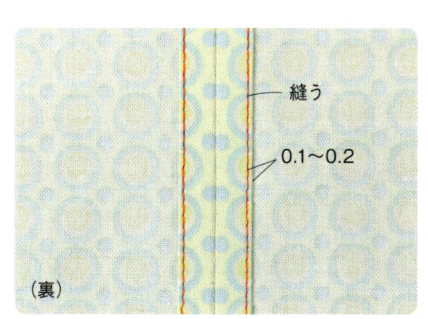

Part 3 ミシンを使ってみよう ◆ 縫い代の始末

4 縫い代の折り山の際（0.1〜0.2㎝）をそれぞれ縫って、縫い代を押さえる。

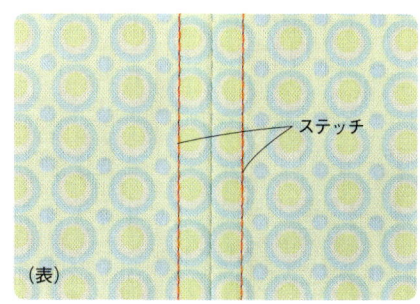

5 出来上がり。表は、縫い合わせた線の両側にステッチが入る。

折り伏せ縫い
◆ 縫い代の片方をもう片方でくるんで始末する方法。表にステッチが1本入る。縫い代は1.5㎝つける。

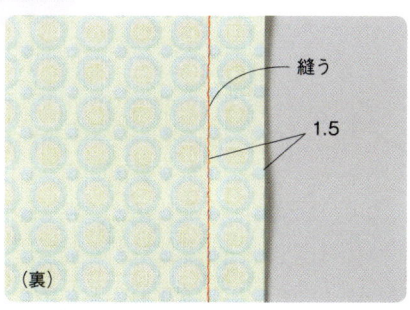

1 2枚の布を中表にし、出来上がり線で縫い合わせる。

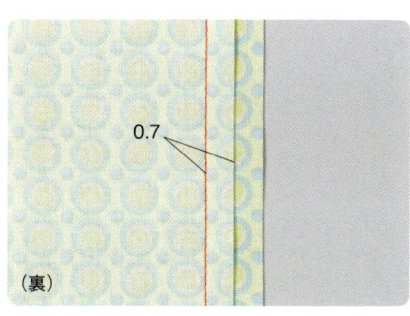

2 縫い代の片方だけ半分（0.7㎝）にカットする。

3 カットした縫い代をくるむように、もう片方の布端を縫い目に合わせて折り、アイロンで押さえる。

4 さらに縫い目で折り、アイロンで押さえる。

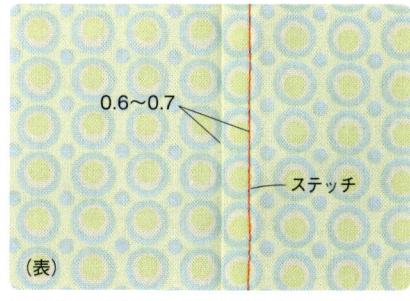

5 2枚の布を開き、表からステッチをかける。縫い合わせた線の際にもう1本ミシンをかけ、ステッチを2本にしてもよい。

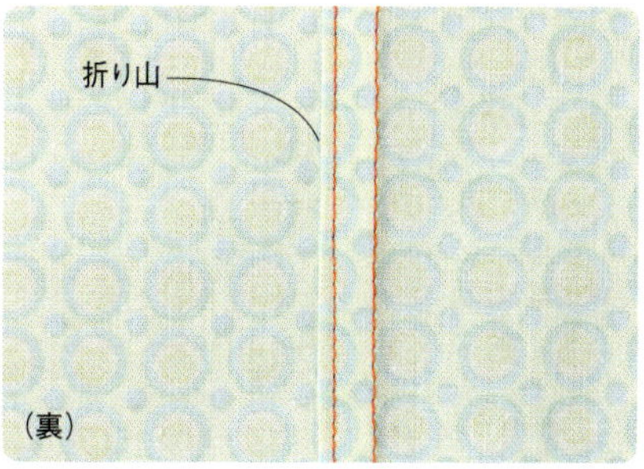

6 出来上がり。

縫いにくいときの対処法

薄地やすべりやすい布、逆にすべらない布などは縫いにくい場合があります。
ここではその対処法を紹介します。

すべりにくいビニールコーティング（ラミネート加工）の布の場合

ビニールコーティングされた布は、普通の布の表面を樹脂加工したもの。表面がつるつるして艶があるタイプと艶消しになっているマットタイプがあります。
水をはじく、裁ち端がほつれない、接着芯を貼らなくてもしっかりとした仕上がりになるなどのメリットがあります。
その一方で、布が押え金に張りついて縫いにくい、針を通すと穴があいてしまう、布目が曲がっていても直せないなど、デメリットもあります。
ここでは、縫うときのポイントを紹介します。

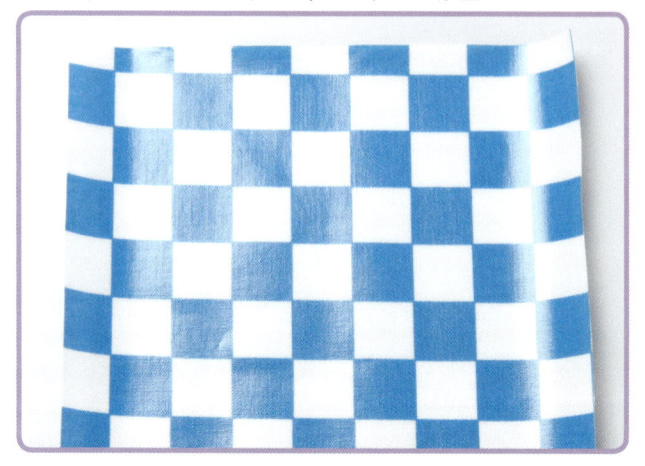

1 布と押え金の間に、トレーシングペーパーを入れて通常どおり縫う。

2 縫い終わったところ。

3 トレーシングペーパーをミシンの縫い目にそって切り取るようにはずす。縫い目を引っ張らないように注意する。

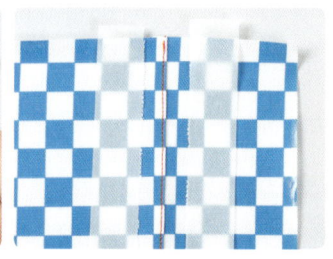

4 反対側もはずす。

縫い始めに布を巻き込んでしまう場合

端から縫いすぎている可能性があるので少し内側から縫い始めます。返し縫いをするときにも布のないところまで戻らないようにします。特に薄い布は巻き込まれがちなので注意。布の下にトレーシングペーパーを敷いて縫うと防げることもあります。返し縫いボタンを使うと巻き込んでしまう場合は、布を回転させる方法で縫ってみましょう（p.53参照）。

ジグザグミシンが裁ち端を巻き込んでしまう場合

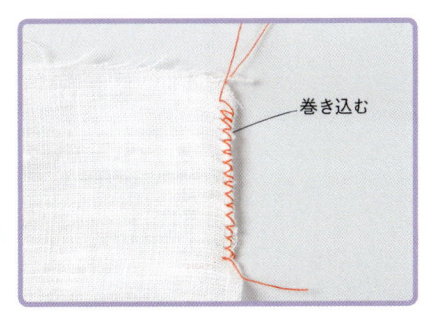

巻き込む

内側にジグザグミシン　　カット　　端ミシン

1 布が薄いと、裁ち端を巻き込みがちなので、裁ち端より少し内側にジグザグミシンをかける。

2 1のあと、糸を切らないように、縫い目ギリギリのところを切る。

または

どうしてもジグザグミシンがかけられない場合は、始末の方法を変える（p.54参照）。

ジョーゼットやシフォンのような化学繊維の場合

ジグザグミシンで裁ち端の始末が出来ない
裁ち端にジグザグミシンをかけると巻き込んでつれたり、布がすべってまっすぐに縫えない。

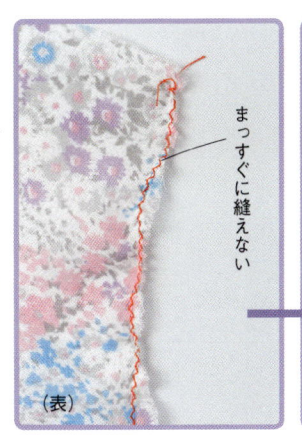

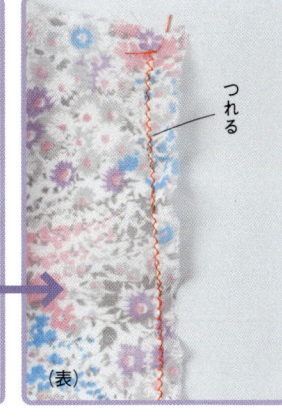

まっすぐに縫えない　　つれる

（表）　　（表）

裁ち端の内側を縫っても糸がつれてしまうときは、ジグザグミシンが布地に合わないので違う始末の方法にする。

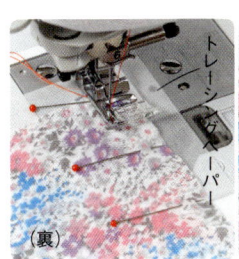

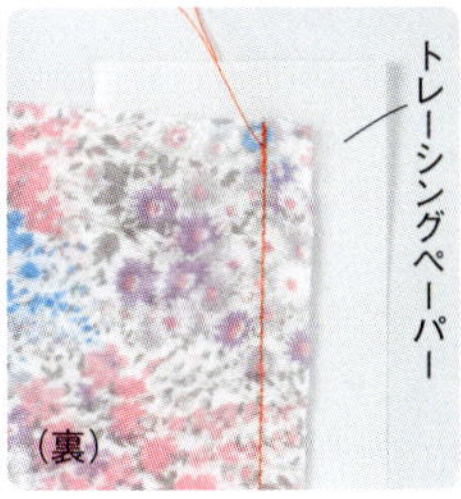

トレーシングペーパー　　トレーシングペーパー

（裏）　　（裏）

トレーシングペーパーを敷いて袋縫いにする
1 薄地の場合、布が動いて縫いにくいので、トレーシングペーパーを布の下に敷いて縫う。

2 ミシン目にそってトレーシングペーパーを切り取る（切り取り方はp.58参照）。

3 裁ち端が外に出ない袋縫い（p.56参照）で始末する。

Part 3　ミシンを使ってみよう ◆ 縫いにくいときの対処法

まだまだある
ミシンの困った！を解決します

誰にも聞けないけれど、実際によくあるソーイングのトラブル、悩み。心当たりのある人は確認してみましょう。

ミシンが動かない！！

コードをきちんとコンセントに差し込んでいますか？ 電源は入っていますか？ フットコントローラーは接続されていますか？ 笑い話のようですが、意外とありがちなこと。電源を切って針交換をした後なども、電源を入れ忘れることがあるので、確認しましょう。

3つをチェック！

電源コード

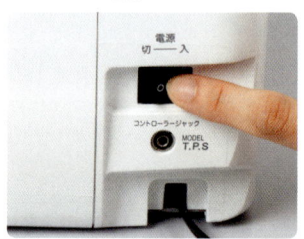

電源スイッチ

フットコントローラー

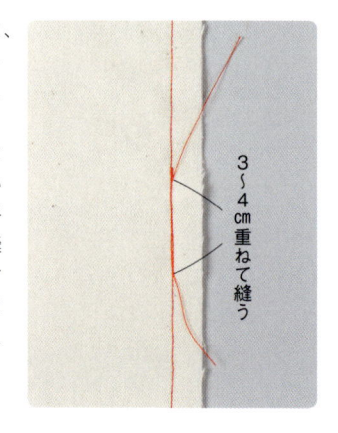

きれいに縫えない！

コンピューターミシンは、糸調整なども制御してくれますので、自分で調整することはほとんどありません。それでも、糸がつれるなどきれいに縫えない場合は、上糸調整ダイヤルを使いましょう。上糸がゆるい場合は、上糸調整ダイヤルを右に回します。調整しても直らない場合は、下糸の向きが逆だったり上糸が天秤にかかっていないなど、糸のかけ方が間違っているかもしれません。もう一度確認してみましょう。

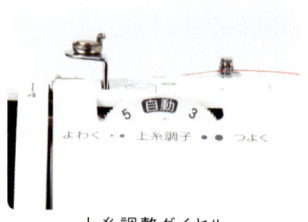

上糸調整ダイヤル

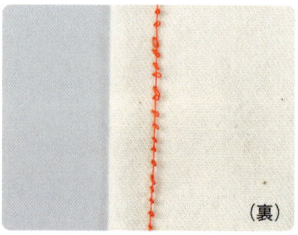

（裏）

きれいに縫えない

下糸が途中でなくなってしまった

夢中になって縫っていると、下糸が途中で足りなくなってしまうのはよくあること。そんなときは、下糸がなくなったところで少し上糸を残して切ります。下糸を巻いてセットし直して3〜4cm手前から、縫い目に重ねて縫います。重ねて縫っておけば、ほどける心配はありません。余分な糸は縫い終えてから布の際で切ります。

3〜4cm重ねて縫う

失敗しちゃった！
糸をほどく方法は？

糸をほどくときに気をつけたいのは、布を傷めないようにするということ。そのために、3〜4cmおきに上糸を切り、その間の糸を目打ちで引いてほどきます。糸を切るのははさみでもリッパーでもかまいませんが、布の織り糸を引っ掛けないようにして。ほどきにくいときは、さらに細かく糸を切って丁寧にほどきましょう。

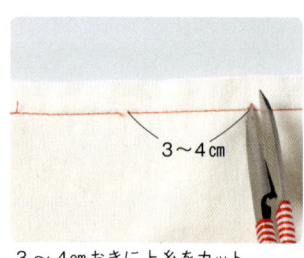

3〜4cm

3〜4cmおきに上糸をカット。

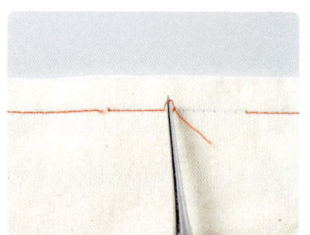

カットした間の上糸を目打ちで引く。

Part 4 縫う前の準備
& 部分縫い

型紙と裁断

目指すのは縫い始めてからつまずかないための型紙づくりと裁断です。裁断までがきちんとできていれば、寸法が合わない、パーツが足りないといったトラブルがなく、作業はスムーズに進みます。

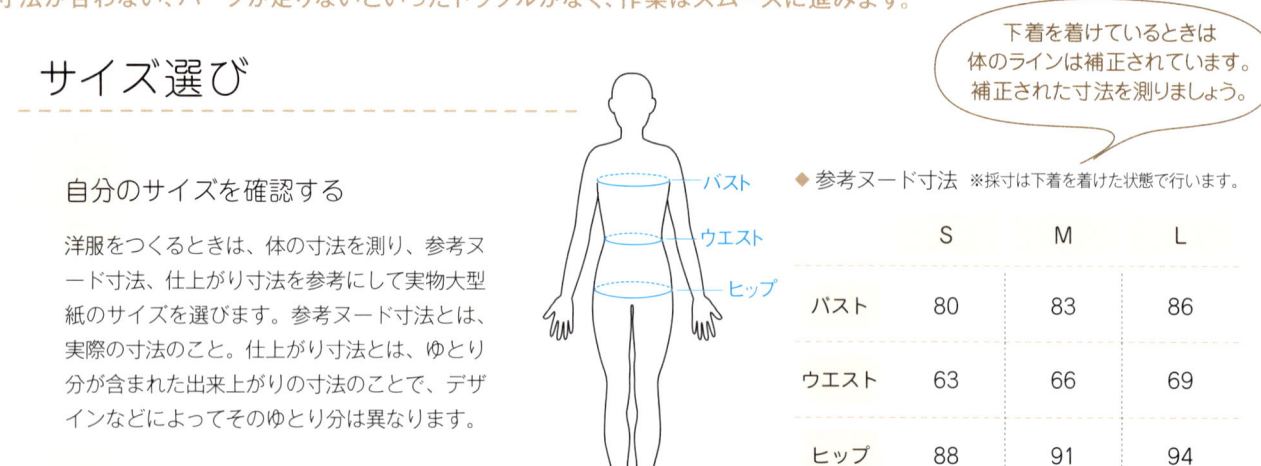

サイズ選び

自分のサイズを確認する

洋服をつくるときは、体の寸法を測り、参考ヌード寸法、仕上がり寸法を参考にして実物大型紙のサイズを選びます。参考ヌード寸法とは、実際の寸法のこと。仕上がり寸法とは、ゆとり分が含まれた出来上がりの寸法のことで、デザインなどによってそのゆとり分は異なります。

> 下着を着けているときは体のラインは補正されています。補正された寸法を測りましょう。

◆ 参考ヌード寸法 ※採寸は下着を着けた状態で行います。

	S	M	L
バスト	80	83	86
ウエスト	63	66	69
ヒップ	88	91	94

部位の名称

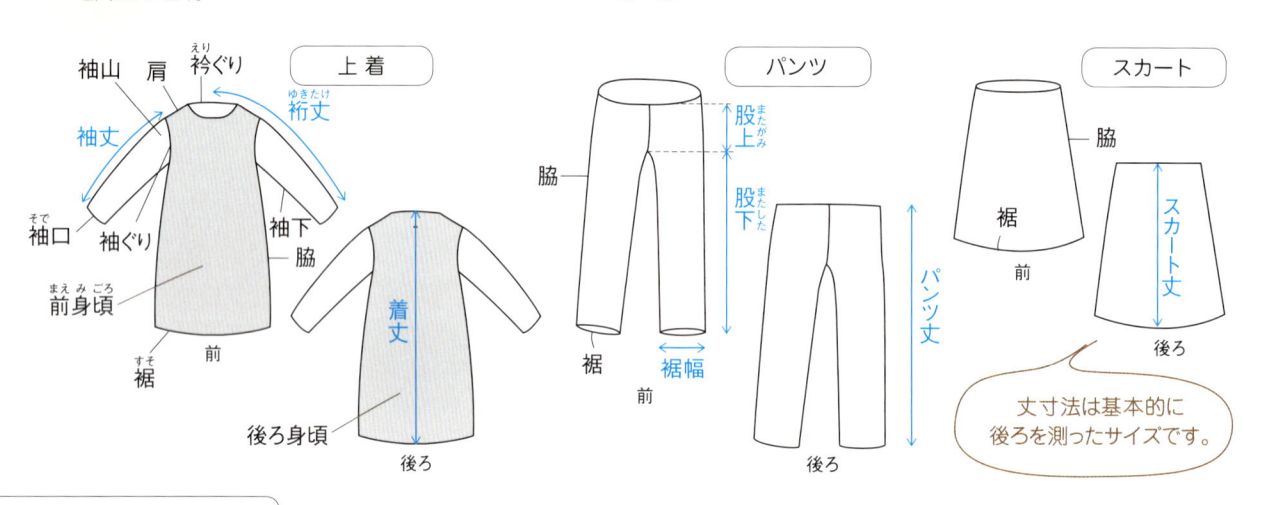

上着／パンツ／スカート

> 丈寸法は基本的に後ろを測ったサイズです。

製図から型紙をつくる

ソーイング本で紹介されている作品には実物大型紙がついていることが多いですが、直線だけで構成される作品の場合、実物大型紙の代わりに製図が載っていることがあります。製図とは、布の裁断や縫製に必要な寸法が書かれた図面のことで、製図をもとに自分で作図をして型紙をつくります。製図から型紙を起こす場合は、方眼つきのハトロン紙が便利。直接布に線を引くのではなく、必ず型紙をつくってから布を裁断しましょう。

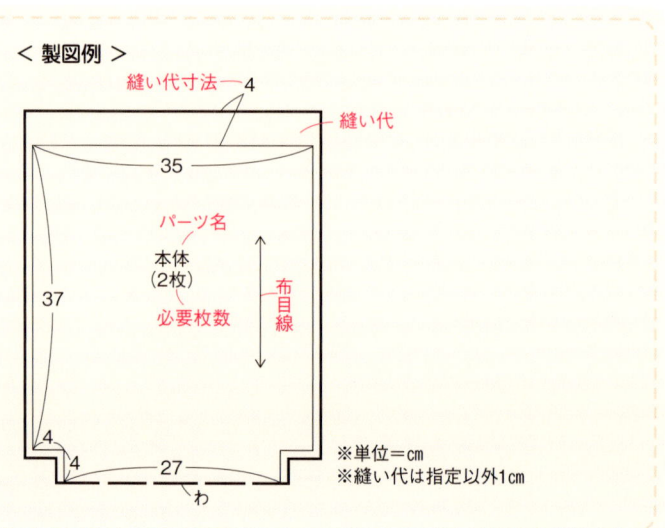

＜製図例＞

縫い代寸法＝4
縫い代
35
37
パーツ名
本体（2枚）
必要枚数
布目線
4
4　27
わ

※単位＝cm
※縫い代は指定以外1cm

型紙の写し方

自分のサイズに印をつける

実物大型紙は、いくつものパターン（型紙）が重なっていることが多いので、間違えないようにします。まずつくりたいものの型紙がどの面にあるか確認します。その面に必要なパーツを探し出し、自分のサイズに印をつけます。こうしておくと型紙を写すときに間違えずに写しとることができます。

実物大型紙 実物大で製図した型紙のことで、そのまま写しとって使えるもの。ソーイング本についているほか、手芸店やネットショップなどでは型紙だけが売られている場合もある。1つの型紙にSMLなどのサイズ展開があることが多い。

ハトロン紙に写す

実物大型紙の上にハトロン紙を置き、ずれないようにウエイトをのせます。直線は定規を使ってまっすぐに。合印やパーツ名も描き写しておきましょう。筆記用具は一定の太さで描けるシャープペンシルなどがおすすめ。

合印 2枚以上の布を縫い合わせるときに、ずれないように合わせる位置につけておく印のこと。

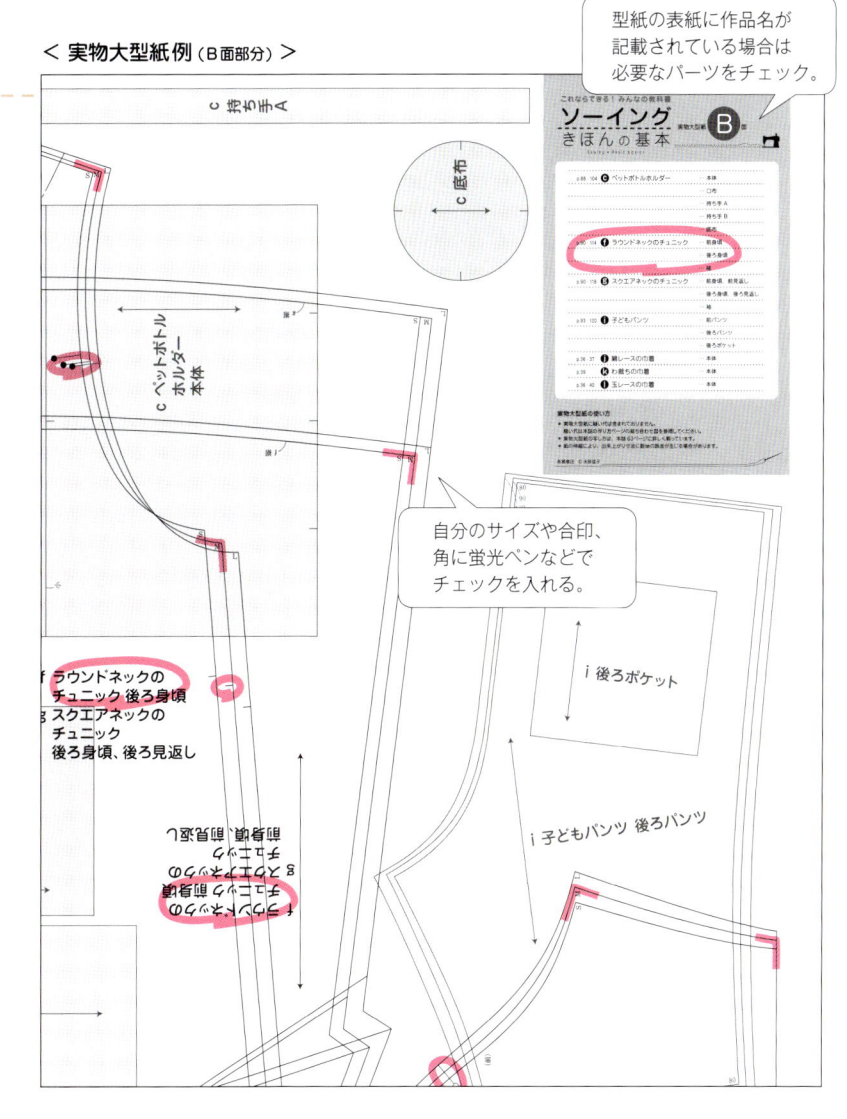

＜実物大型紙例（B面部分）＞

> 型紙の表紙に作品名が記載されている場合は必要なパーツをチェック。

> 自分のサイズや合印、角に蛍光ペンなどでチェックを入れる。

◆ 型紙の記号

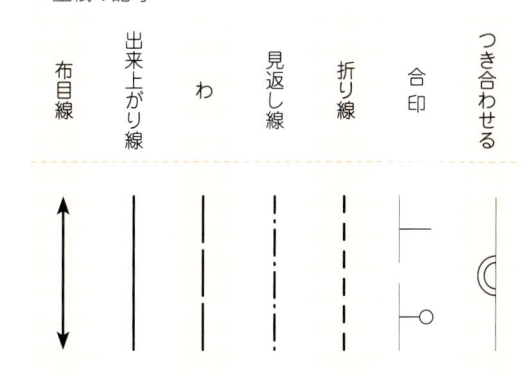

| 布目線 | 出来上がり線 | わ | 見返し線 | 折り線 | 合印 | つき合わせる |

※ 型紙によって記号が異なる場合もあります。

縫い代のつけ方

縫い代は、型紙につける場合と、型紙にはつけずに、裁断するときに布に直接つける場合があります。ここでは型紙につけて、型紙どおりに裁断する方法で説明します。

＊ 本書の作品はすべて型紙につける方法で説明しています。

裁ち合わせ図を見ながら縫い代をつける

右の裁ち合わせ図例のように、型紙にそって引いてある線（太線）が縫い代線です。写した型紙に、指定の縫い代寸法を出来上がり線と平行にプラスしてつけます。縫い代をつけるときは、方眼定規を使うと便利です。

縫い代 縫い合わせるときに必要な余裕分のことで、縫ったあとは表から見えなくなります。

裁ち合わせ図 布目と型紙の布目線を合わせて、布に無駄が出ないように布を配置して裁断するための図のこと。裁ち方図ともいう。

< 裁ち合わせ図例 >

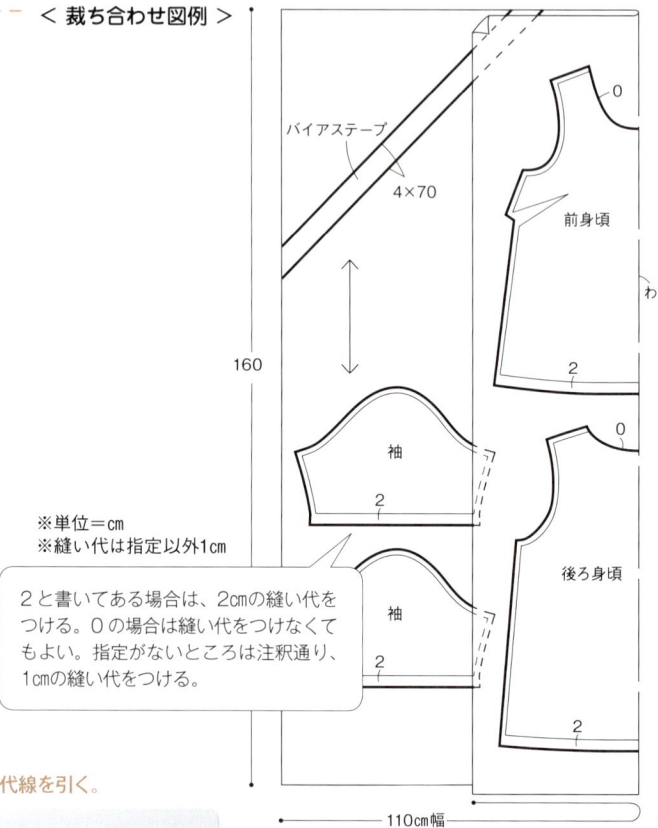

※単位＝cm
※縫い代は指定以外1cm

2と書いてある場合は、2cmの縫い代をつける。0の場合は縫い代をつけなくてもよい。指定がないところは注釈通り、1cmの縫い代をつける。

直線
出来上がり線につけたい縫い代幅の目盛りを合わせて、縫い代線を引く。

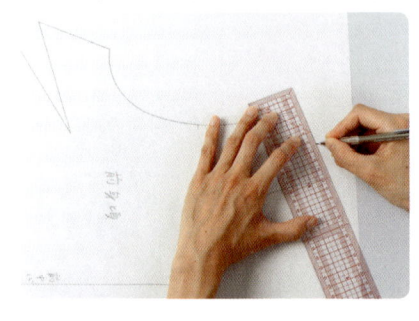

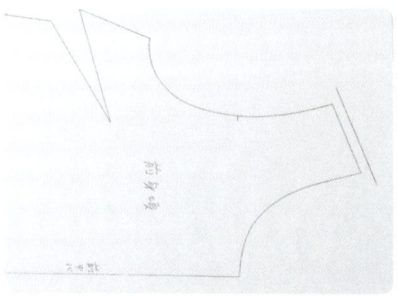

曲線
出来上がり線に目盛りを合わせ、定規を少しずつ動かしながら縫い代線を引く。

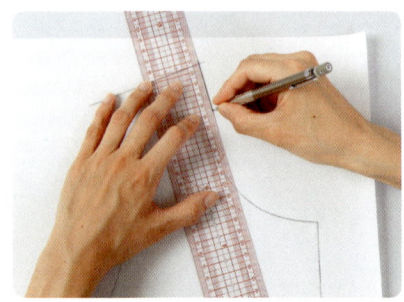

縫い代のつけ方に注意するところ

ダーツのように斜めに交差する出来上がり線の縫い代は、型紙を折って出来上がりの状態にして縫い代をつけます。どのように縫い代をつけたらいいか迷うときは、まず出来上がりに折ってみましょう。

ダーツの例

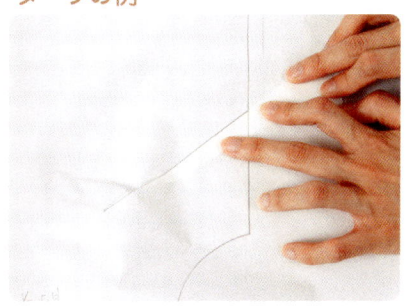

1 型紙を折り、出来上がりの状態にする。

2 そのまま縫い代線を引く。

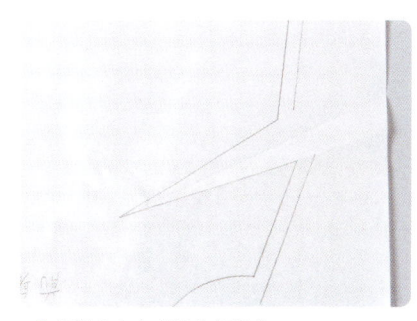

3 折りたたんだ部分を開く。

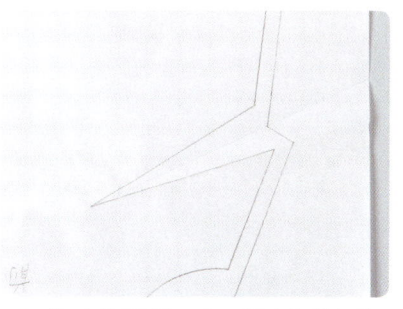

4 ダーツ部分に残っている跡をなぞり、縫い代線を引く。2のとき、ルレットで跡をつけるとわかりやすい。

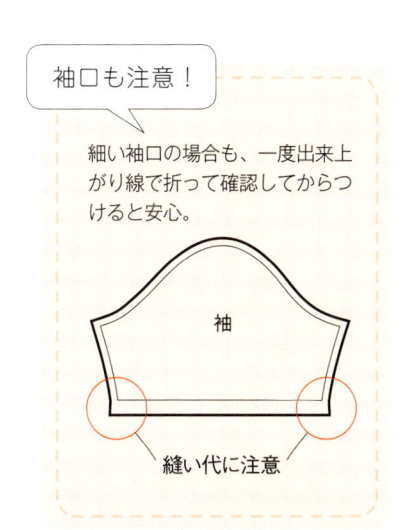

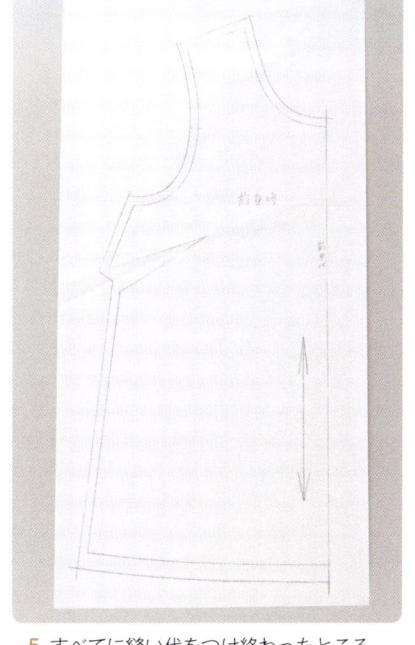

5 すべてに縫い代をつけ終わったところ。

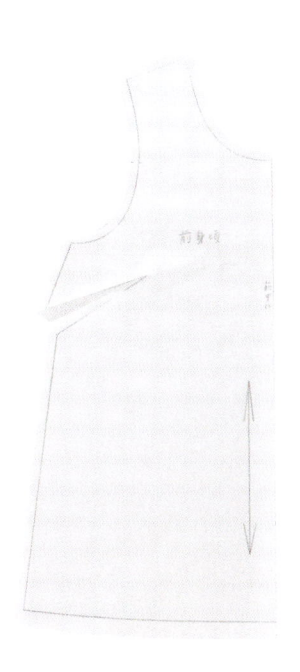

6 紙切りばさみ、もしくはカッターを使い、縫い代線を切る。

> **袖口も注意！**
> 細い袖口の場合も、一度出来上がり線で折って確認してからつけると安心。
>
> 袖
> 縫い代に注意

Part 4 縫う前の準備＆部分縫い ◆ 型紙と裁断

裁断の前に

布を裁つとき、出来上がり線を布に写す方法と写さない方法があります。ここでは出来上がり線は写さず、縫い代つきの型紙にそって布を裁つ方法で説明します。

> 出来上がり線がないと不安!という人はチャコペーパーとルレットを使って写してもOK（p.69参照）。でも裁断さえきちんとすればこの方法の方が楽チンでオススメです。

布の準備と型紙の置き方

作り方ページにある裁ち合わせ図を参考にして、布の上に型紙を置き、裁断していきます。布を広げてパーツを1枚ずつ裁つ場合と、二つ折りにして裁つ場合（A,B）があります。ただし、布幅が狭いとき、柄合わせが必要なときは、裁ち合わせ図と同じように配置できないことがあります。大きなパーツから順に配置し、すべての型紙が入ることを確認してから裁断します。

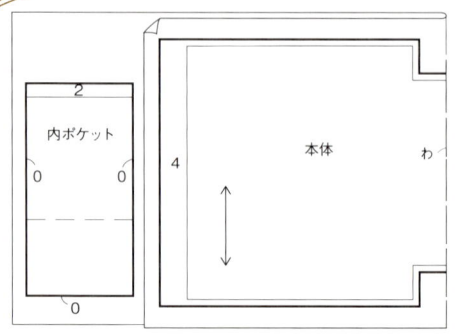

A　一部を折る例

二つ折りにして裁つ場合

左右対称に裁つときや同じパーツが2枚必要なときは、布を二つ折りにして裁断します。Aは一部だけ折った例、Bは布幅を半分に折った例で、布幅とパーツの大きさなどにより、折り方が変わります。中表・外表は、印つけの有無などによって適した二つ折りにします。

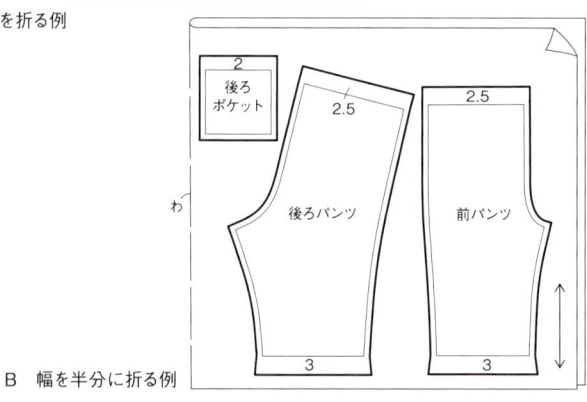

B　幅を半分に折る例

◆ 外表がよいとき
* 柄を見ながら型紙を配置したい場合
* ダーツなど布の裏面に両面チャコペーパーで印をつけたい場合

◆ 中表がよいとき
* デリケートな布や白地など汚れやすい布の場合
* 表面に印がつけにくい布の場合

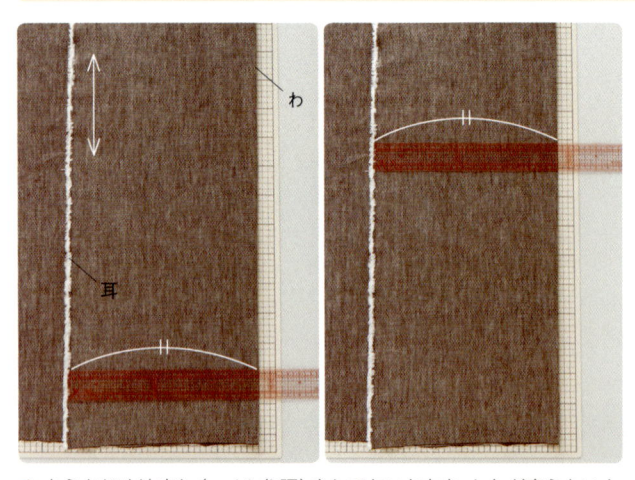

> 実際に裁断するときは、型紙を1枚ずつ置いて裁断します。

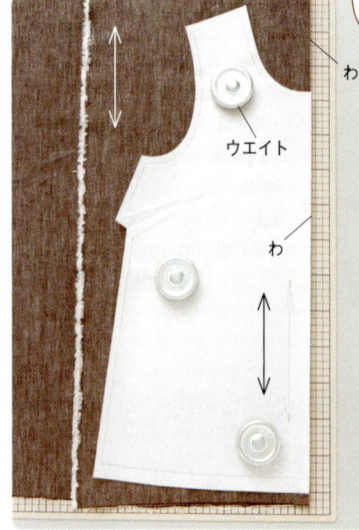

1 あらかじめ地直し（p.11参照）をしておいた布を、しわが寄らないように布目をまっすぐにして広げる。二つ折りにするときは、パーツの幅に合わせて折り、必ず2か所の寸法を測って布の耳と平行に折る。

2 布目と型紙の布目線が同じになるように布のわに型紙のわを合わせて置き、ウエイトをいくつか置いて、ずれないようにする。

> 柄合わせについて

縫い合わせたときに柄が合うように、型紙を配置します。

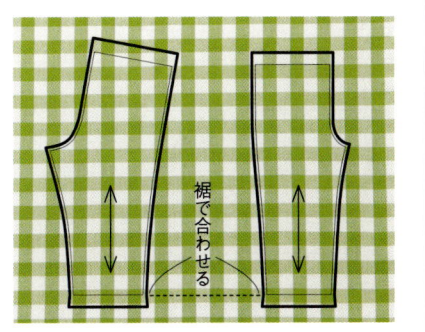

チェック柄

大きなチェックの場合は、柄合わせをすることもある。パンツの場合は裾で合わせたり、布目線を縦のラインと合わせたりする。

一方向性のある柄

型紙を置く向きに気をつける。たとえば、底をわにして裁つバッグやポーチの場合、1枚で裁つと片面だけ柄が逆さになってしまう（下図）ので、底を接いでわにする（上図）。
＊型紙はp.86トートバッグより

裁断する

布を裁断するときは、裁ちばさみかロータリーカッターを使います。ロータリーカッターは、布を置いたままカットできるので重ねて裁つときは布が浮かず、きれいに正確にカットできます。初心者にこそ実はおすすめ。

ロータリーカッターで裁断する場合

必ず布の下にカッティングマットを敷いて使用します。曲線は小回りの利く小さなロータリーカッターが便利。普通のカッターと同様に、切れなくなったら刃を交換しましょう。

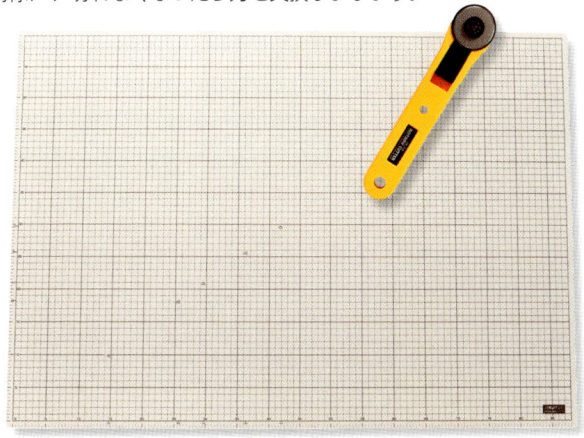

型紙にそってカットしていく。ロータリーカッターは刃を布に対して垂直に当て、手前から奥へ動かす。

裁断する

裁ちばさみで裁断する場合

型紙をまち針で布にとめ、型紙にそって直接裁断する方法と、裁断する線を布に写してから裁断する方法があります。線を写し、型紙をはずして裁断する方が布がずれないのでおすすめ。

1 チョークなどを使って、型紙を写す。

2 合印は縫い代の上に写す。

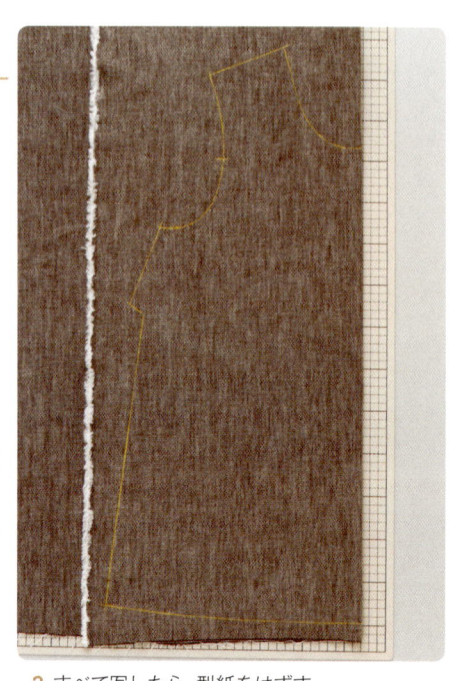

3 すべて写したら、型紙をはずす。

4 重ねた布がずれないように、印の近くをまち針でとめ、線を切り落とすように裁ちばさみでカットしていく。

5 カットし終わったところ。

> **裁ちばさみの使い方**
>
> 裁ちばさみは布に対して垂直に、できるだけ布が浮かないように刃を下につけたまま動かす。続けて長い距離を切るときは刃先を閉じきると切り口がガタガタになるので、刃先を使わないこと。

印つけ

型紙には縫い合わせるときに必要な印があります。型紙に記してある線や印は、布を裁断するときにすべて写します。

> チョークやペンでつけた印は消えてしまう場合があります。また、印がつけにくい布にも。

合印の印つけ

合印は、縫い代にノッチ（0.3〜0.4cmの切り込み）を入れます。＊縫い代の⅓以下におさえる。深く入れ過ぎないように。

ダーツの印つけ

1 裁断した2枚の布の間に両面チャコペーパーを差し込み、再び型紙をのせる。

2 ルレットでダーツ線をなぞる。

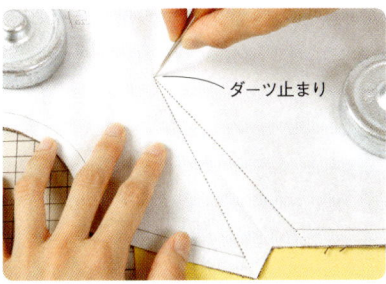

3 ダーツ線の先端は目打ちでダーツ止まりの位置を記す。

4 裏面にダーツ線を写したところ。

これで裁断が終了！

ポケット位置の印つけ

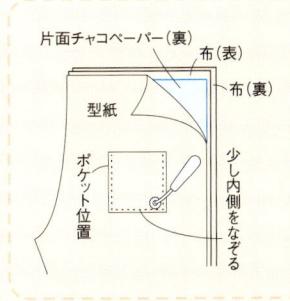

パンツなどのポケット位置を布の左右表面につけたい場合は、中表にして裁断し、ダーツと同じように布の間に両面チャコペーパーを差し込んで写す。どちらか一方にだけ印をつけたい場合には、外表に裁断し、片面チャコペーパーを型紙と布の間に差し込んで写す（左図）。布の表面に印をつける場合は、あとから見えなくなるように少し内側につける。

Part 4 縫う前の準備＆部分縫い ◆ 型紙と裁断

部分縫い

基本的な部分縫いのテクニックです。

タック

布をたたみ、平面的な布を立体的にする方法の1つ。タックを入れる分、布の分量も増えます。

型紙の記号

縦線がタック幅で、斜線はたたむ方向を表す。斜線の部分が隠れるように、傾斜の高いほうの線を低いほうの線へ合わせる。

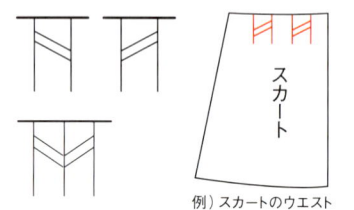

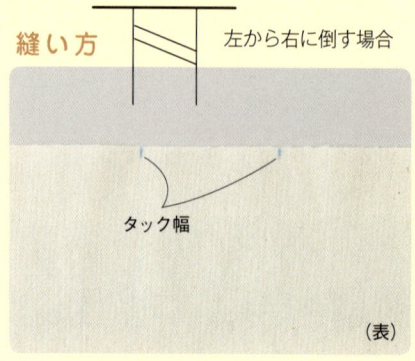

例)スカートのウエスト

縫い方

左から右に倒す場合

1 タック幅の印をつける。

2 傾斜が高いほう(ここでは左)をつまむ。

3 低いほう(ここでは右)に重ねる。

4 ずれないようにまち針でとめる。

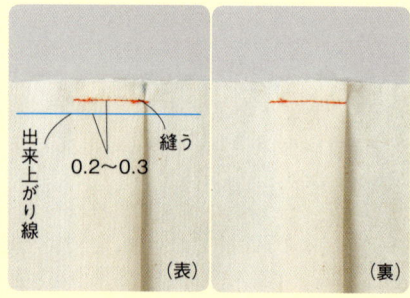

5 出来上がり線より0.2～0.3cm縫い代側を縫って、タックをとめる。

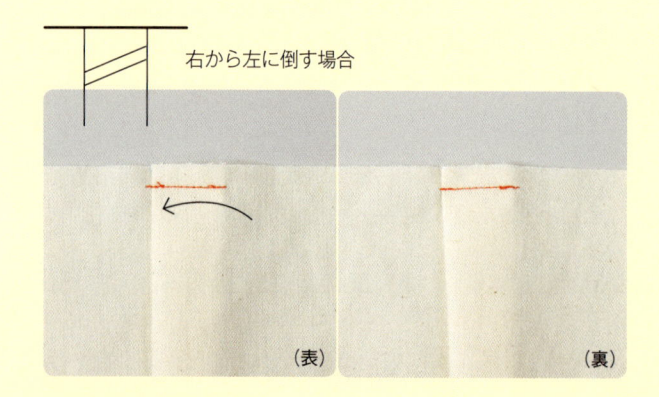

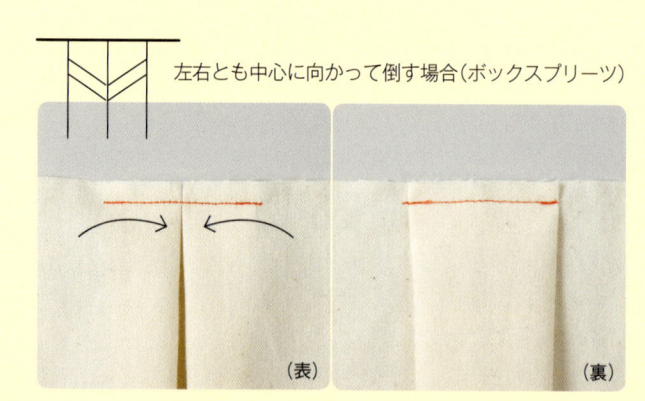

右から左に倒す場合

左右とも中心に向かって倒す場合(ボックスプリーツ)

ピンタック
ピンのように細くつまんだタックのことで、装飾に使われます。

⇨ 型紙の記号
両端が縫い合わせる線で中心線がピンタックの山を意味する。斜線や中心線が省略されていることもある。矢印がある場合はピンタックを倒す方向を示す。

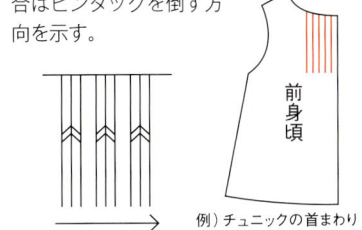

例）チュニックの首まわり

縫い方

1 外表に中心線で折り、アイロンで押さえる。すべての中心線に折りぐせをつけておく。

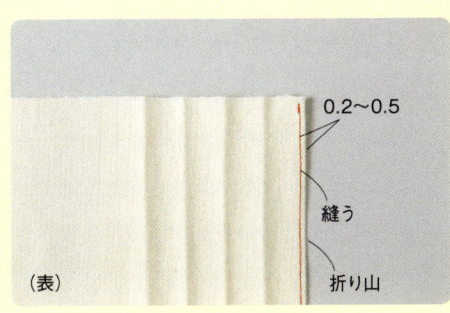

2 折り山（中心線）の端を縫う。
0.2～0.5
縫う
折り山

3 同じように、すべての折り山の端を縫う。

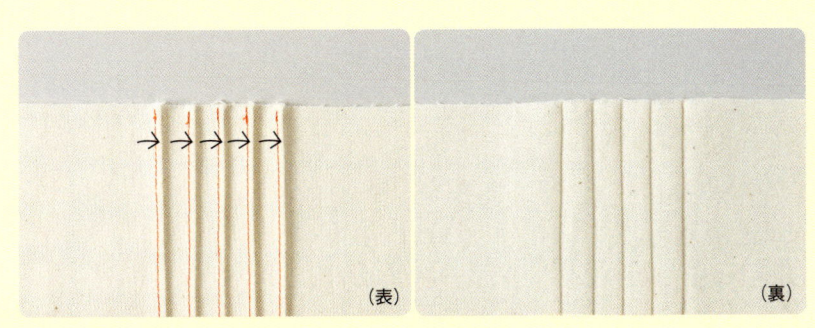

4 どちらかに倒してアイロンで押さえれば、出来上がり。

Part 4 縫う前の準備&部分縫い ◆ 部分縫い…タック・ピンタック

ダーツ　布をつまんで縫い合わせ、立体的にする方法。

➡ 型紙の記号
ダーツ線は矢のような形の線で、2本の線を縫い合わせる。縫い代のつけ方に注意が必要。p.65 参照。

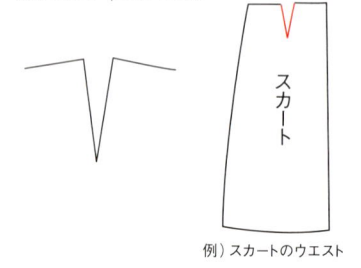

例）スカートのウエスト

縫い方

1 布の裏側にダーツ線を写す。（裏）

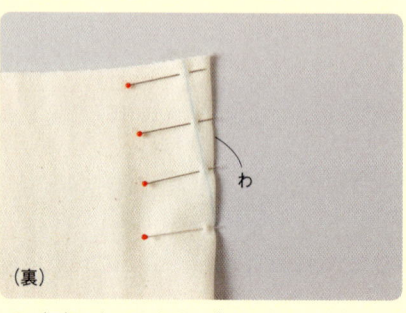

2 中表になるように、ダーツ線を合わせ、まち針でとめる。（裏）わ

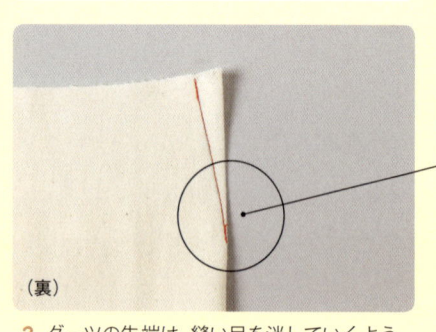

3 ダーツの先端は、縫い目を消していくような感じで、できるだけ鋭角に縫いとめる。最後は返し縛いをする。（裏）

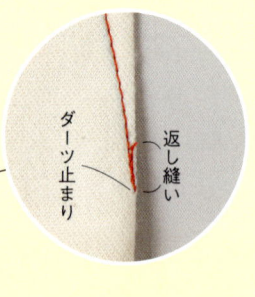

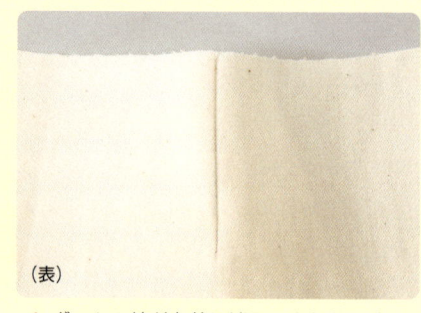

ダーツ止まり／返し縫い

4 ダーツの線が自然に消えるようなふくらみになる。（表）

ダーツ止まりを結んで始末する場合
薄手の生地や、先端の返し縫いがうまくできないときは、糸端を結んでとめます。

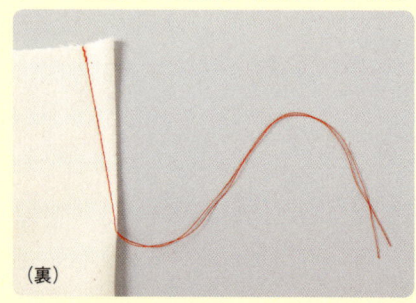

1 ダーツ止まりの先端ギリギリまで縫い、糸を多めに残して切る。（裏）

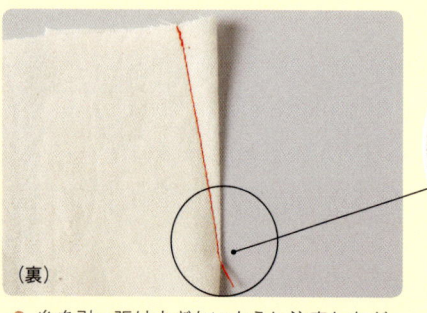

2 糸を引っ張りすぎないように注意しながらダーツの先端で糸を結ぶ。0.5～0.7cmくらい糸を残して切る。（裏）

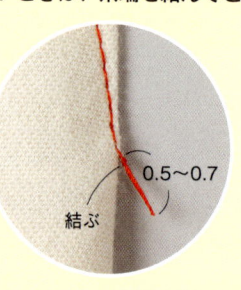

0.5～0.7／結ぶ

ギャザー

布の端を縫い縮めてつくる細かいひだのこと。
ギャザー分量が多いほどボリュームが出て、ふんわりとしたシルエットになる。

➡ 型紙の記号

出来上がり線の内側にある波線がギャザーを入れるところ。ギャザー止まりがある場合は、縫い止まりの合印が入る。

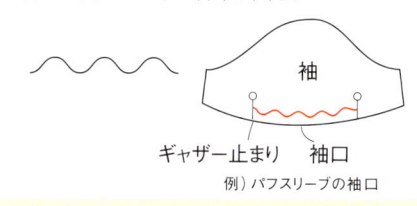

ギャザー止まり　袖　袖口
例) パフスリーブの袖口

縫い方

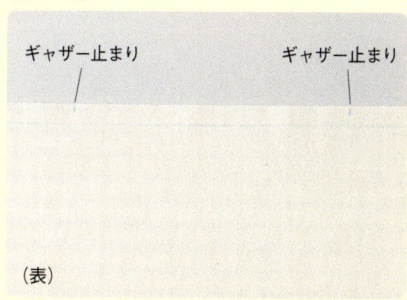

(表)

1 縫い代の部分に、ギャザー止まりの印を入れる。

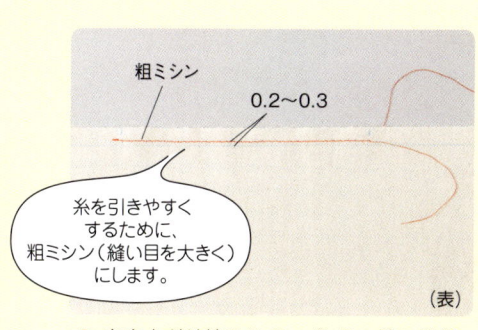

粗ミシン　0.2〜0.3

糸を引きやすくするために、粗ミシン(縫い目を大きく)にします。

(表)

2 出来上がり線の0.2〜0.3cm縫い代側に粗ミシンをかける。縫い始めだけ返し縫いをして、縫い終わりの糸は長めに残しておく。

上糸か下糸どちらか1本だけ引く。
アイロン台　縫い始め

3 アイロン台に、縫い始めの部分をまち針でとめる。糸を引いてギャザーを寄せる。

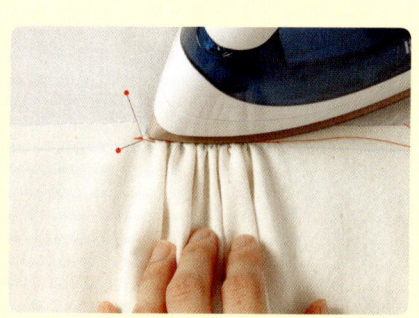

4 ギャザーを均等に整え、縫い代の部分をアイロンで押さえて落ち着かせる。

粗ミシンを2本かける場合

布地が厚いときや、糸が切れそうで不安な場合は、粗ミシンを2本かける。1本よりも収まりがよい。

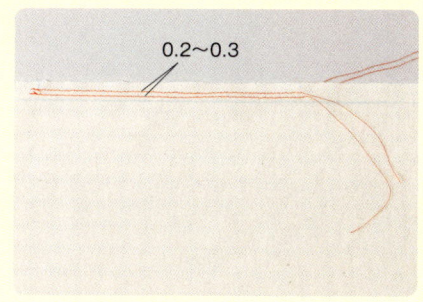

0.2〜0.3

1 1本目の粗ミシンのさらに0.2〜0.3cm縫い代側に、もう1本粗ミシンをかける。

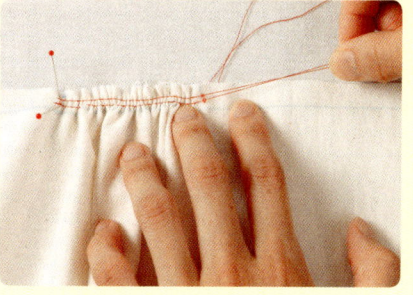

2 それぞれの粗ミシンから1本ずつ糸を持ち、2本を一緒に引いてギャザーを寄せる。

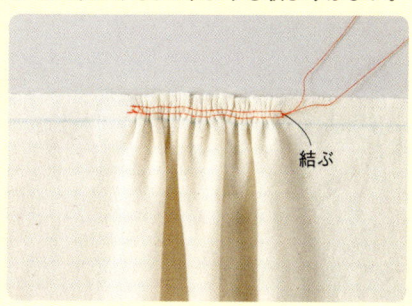

結ぶ

ギャザーが戻りやすいときは、糸を結んでとめる。

バイアステープをつくる

布をバイアス（45度）にしてテープ状に裁断してつくります。布端の縁どりで使う場合、織り地のバイアスはのびるので、曲線にもなじみます。

つくり方

1 布目を整え（p.11参照）、布の角を内側に折って45度の線をつける。

2 1でつけた45度の線を引き、その線と平行にテープ幅の線を引く。バイアステープはのびる分、細くなるので、テープ幅は縁どり幅×4＋0.3〜0.5㎝を目安に。

3 必要な寸法分、平行線を引く。

4 線にそってカットする。

5 アイロンで両端を折って出来上がり。

テープの接ぎ方

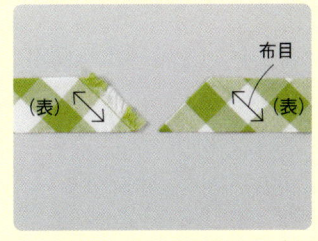

1 縁どりしたい寸法がテープ1本では足りない場合は、つなげて必要な寸法にする。

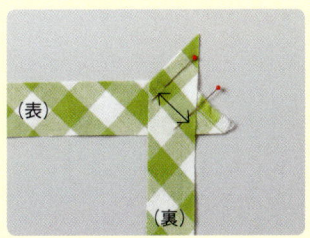

2 布目を揃えて中表に重ね、まち針でとめる。

3 布目にそって縫い、布を接ぐ（つなぎ合わせる）。

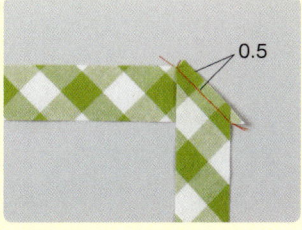

4 縫い代分を残してカットする。

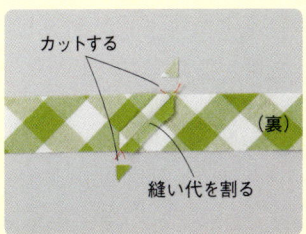

5 縫い代をアイロンで割る。はみ出た部分はカットする。

6 バイアス布が接ぎ終わったところ。

柄合わせをする場合

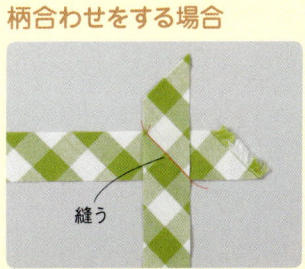

1 布の柄を合わせたいときは、テープを重ね合わせるときに柄を合わせて縫う。

2 出来上がり。チェックの場合、柄の線で縫い合わせると、接ぎ目が目立たない。

テープメーカーで両端を折る場合

1 テープメーカーにバイアス布を裏面を上にして差し込む。

2 テープメーカーのスリットにまち針を入れて、布を引き出す。

3 テープの端が出てきたら、アイロン台にまち針でとめ、テープメーカーを動かしてテープを引き出す。

4 テープメーカーを移動させながら、両端が折られた状態のテープをアイロンで押さえる。

⇨ **テープメーカー**
バイアステープをつくるときにあると便利なのがテープメーカー。裁断した布を通すだけで簡単に両折りにできます。サイズは1.2cm、1.8cmなど。

Part 4 縫う前の準備＆部分縫い ◆ 部分縫い…バイアステープをつくる

縁どり（パイピング）

布端をバイアステープでくるむ始末です。デザインにも、縫い代の始末にもなります。

くるみながら縫う　縫い代の始末など、細いテープを使うときの方法。

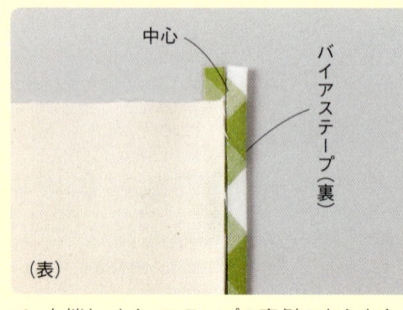

1　布端とバイアステープの裏側の中心を合わせる。

2　そのまま布端をバイアステープでくるみ、テープの端に針を下ろす。

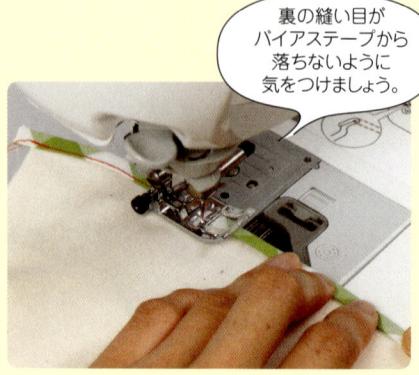

3　布端とバイアステープの中心がずれないように合わせながら、テープの端を縫う。

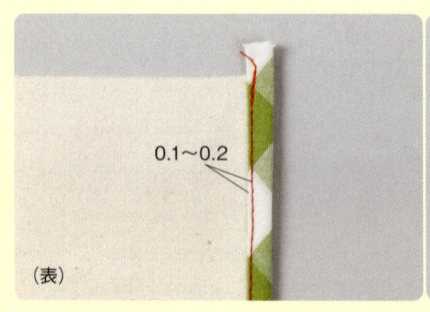

> 裏の縫い目がバイアステープから落ちないように気をつけましょう。

0.1～0.2

出来上がり。

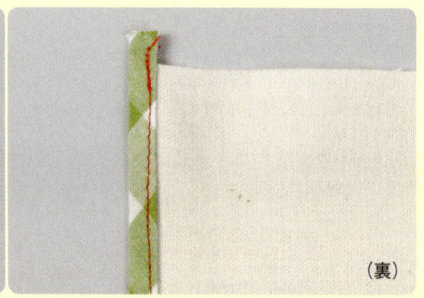

⇨ 市販のバイアステープ

市販されているバイアステープには、両折りタイプと縁どり（四つ折り）タイプがあります。素材、テープ幅、柄など、いろいろな種類があります。

両折りタイプ
テープの両端が折られている。

縁どりタイプ
両折りタイプをさらに半分に折ったもの。

縫いとめてからくるむ 位置がずれないように、一度バイアステープの片端を縫いとめてから布端をくるんで縫う。

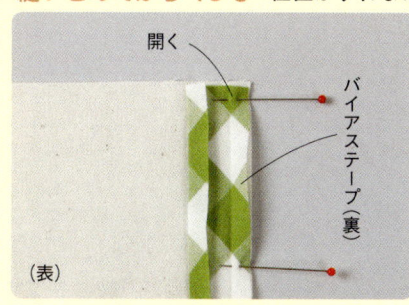

1 バイアステープの片端を開き、布と中表に合わせてまち針でとめる。

2 バイアステープの折り山より、0.1cmくらい布端側に針を下ろす。

3 位置がずれないように気をつけながら縫う。

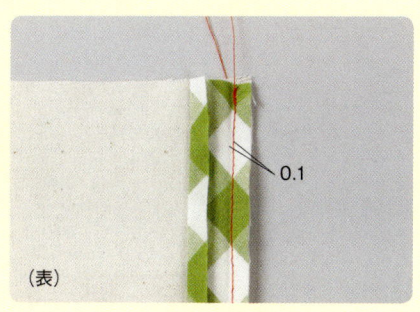

4 テープの片端を縫ったところ。

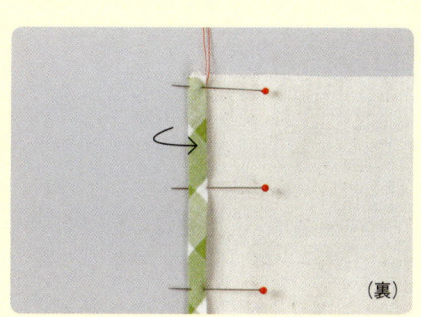

5 布端をくるむようにバイアステープを裏に返し、まち針でとめる。

6 表からバイアステープの端に針を下ろす（裏から見て縫ってもよい）。

7 バイアステープの端を縫う。

8 出来上がり。

Part 4 縫う前の準備&部分縫い ◆ 部分縫い…縁どり（パイピング）

ひも通し口をつくる

巾着などの袋口にひもやリボンを通すための通し口の作り方です。

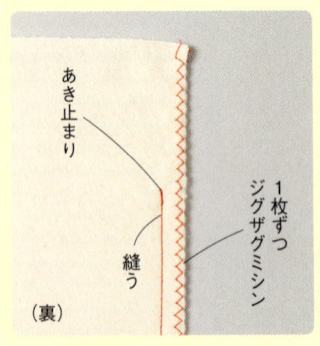

1 2枚の布端にそれぞれジグザグミシンをかけたあと、中表にしてあき止まりまで縫う。

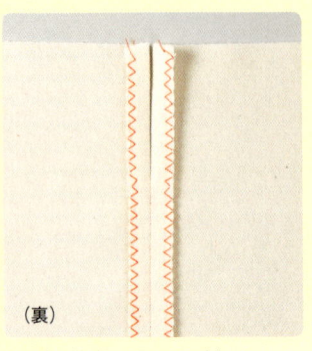

2 縫い代をアイロンで割る。

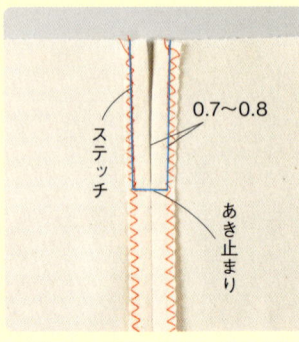

3 あき止まりから上の縫い代にステッチをかける。

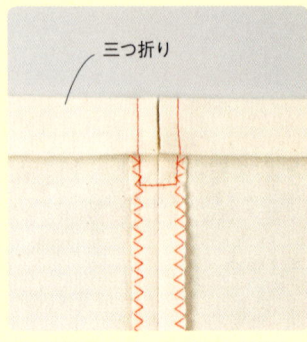

4 上端をアイロンで三つ折りにする。

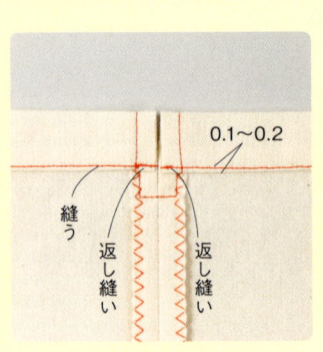

5 ひも通し口からひも通し口まで、三つ折りの端をぐるりと縫う。

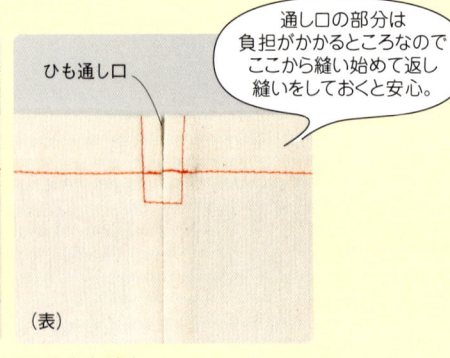

6 出来上がり。

> 通し口の部分は負担がかかるところなのでここから縫い始めて返し縫いをしておくと安心。

ひも・リボンの通し方

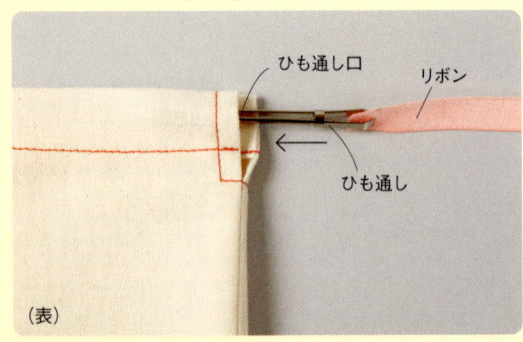

1 ひも通しにリボンをはさみ、片方のひも通し口から入れる。

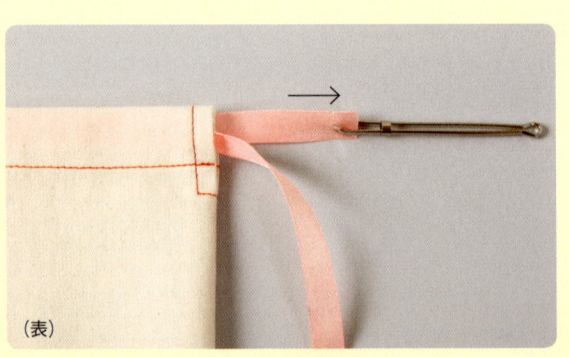

2 反対側のひも通し口から出し、リボンの端を結んで出来上がり。

ゴム通し口をつくる

スカートやパンツのウエストなどに通すゴムの通し口の縫い方です。

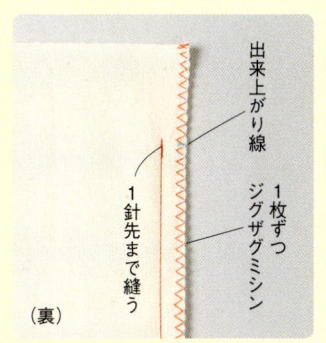

1 2枚の布端にそれぞれジグザグミシンをかけたあと、中表にして縫う。出来上がり線より1針先まで縫う。

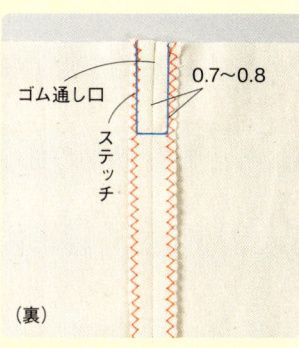

2 縫い代をアイロンで割り、ゴム通し口の縫い代にステッチをかける。

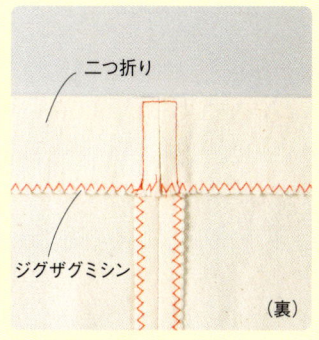

3 上端にジグザグミシンをかけ、出来上がり線で二つ折りにしてアイロンで押さえる。

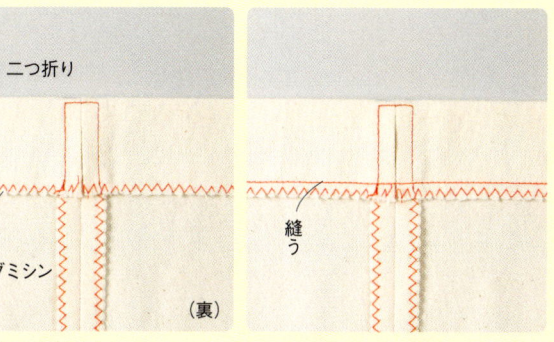

4 ジグザグミシンの上をぐるりと縫う。

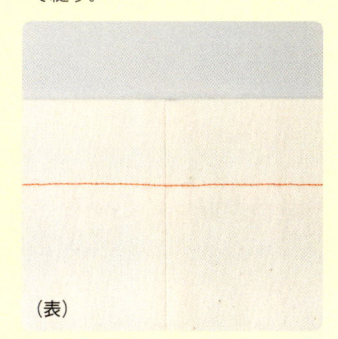

5 出来上がり。表からはゴム通し口は見えない。

ゴムの通し方

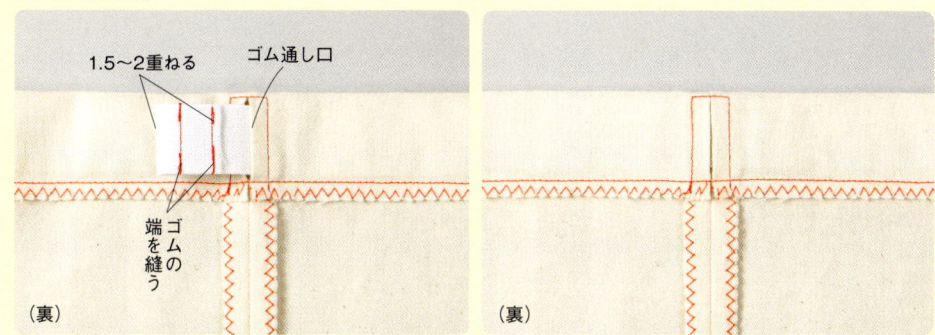

1 ひもと同じ要領でゴムをゴム通し口に通し、ゴムの端を重ねて縫いとめる。

2 ゴムはゴム通し口の中に収める。

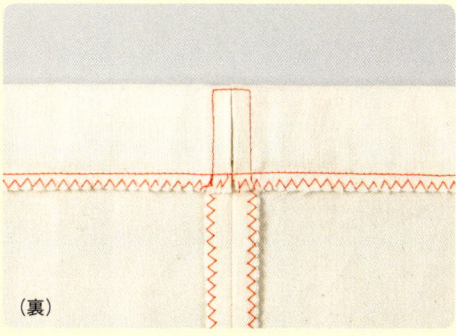

ファスナー

ファスナーのつけ方は、アイテムやデザイン、つける種類によっても異なります。
ここでは初心者が知っておきたいファスナーの種類と選び方について紹介しましょう。

⇨ ファスナーの種類

ファスナーには金属製と樹脂製があり、よく使われるものは下の5タイプで、構造や素材が異なります。布の厚さや用途、デザインなど、仕上げたい雰囲気に合わせて選びましょう。

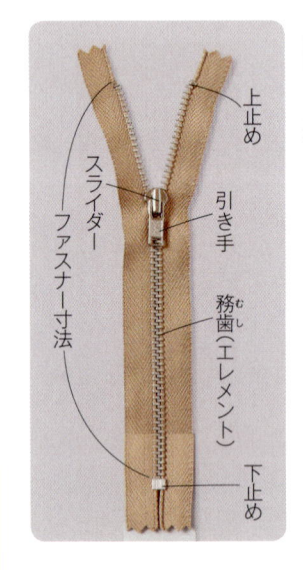

上止め
スライダー
引き手
ファスナー寸法
務歯（エレメント）
下止め

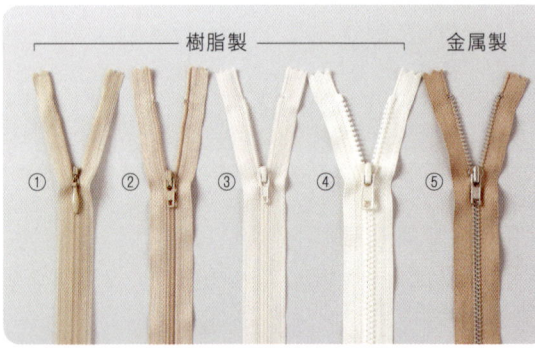

樹脂製 — 金属製
① ② ③ ④ ⑤

片押え　コンシール押え

ファスナーは、押え金を専用のものに交換して縫いつけます。

① コンシールファスナー
閉じたときに務歯や縫い目が表から見えないので、デザインの邪魔をしない。ワンピースやスカートなどに使われる。

② コイルファスナー
務歯の部分がコイル状になっている樹脂製ファスナー。金属やビスロンに比べて柔軟性がある。

③ フラットニットファスナー
ニットテープに務歯を編み込んだもので、柔軟性がある。凹凸が少なく、薄いのでファスナー用の押え金を使わなくても縫える。

④ ビスロンファスナー
務歯が樹脂でできているファスナー。金属ファスナーより軽い。務歯が大きく、バッグやアウターによく使われる。

⑤ 金属ファスナー
テープ以外のパーツはすべて金属製。ゴールド、シルバー、アンティークなどのカラーがある。

コンシールファスナー 使用例
ファスナーを表に見せたくないときに。

フラットニットファスナー 使用例
ソフトに仕上げたいものに。

※ フラットニット、ビスロン、コンシールはYKK株式会社の登録商標です。

Part 4

縫う前の準備＆部分縫い ◆ 部分縫い…ファスナー

オープンファスナー

スライダーを一番下まで下ろすと、左右にテープが分かれるファスナー。アウターなどに使われることが多い。ファスナーの開き具がテープの端についている（写真中央）のが特徴。オープンファスナーにはスライダーが2つついた逆開（両開き）オープンファスナー（写真右）もある。

右がオープンファスナー。左は下止めでスライダーが止まるタイプ。

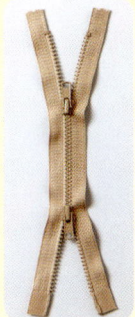

逆開（両開き）オープンファスナー

スライダー 2ヶつき（両開き）ファスナー

スライダーが頭合わせに2つついていて、両端に下止めがついている。バッグなどに使われる。

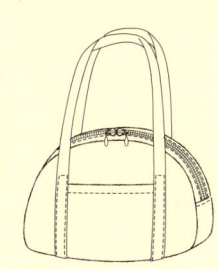

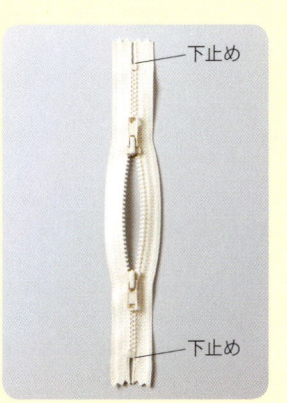

下止め
下止め

自由に動く引き手

ファスナーを置いたとき、一般的なファスナー（写真上）は引き手が立つ。引き手が自由に動くタイプ（写真中央・下）は、スライダーを軸にして全方向に動くのでつけ位置を選ばない。ポーチやバッグなどに適している。

引き手が立つ
引き手が自由に動く

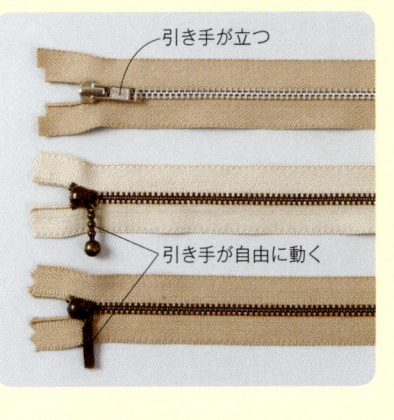

ロック機能つきスライダー

パンツの前あきなど、動いているうちに下がってきては困るところに使われる。

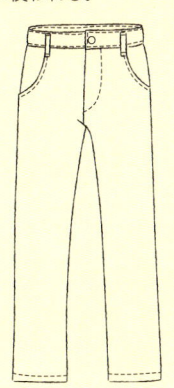

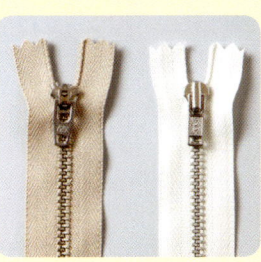

ロックがかかるものは、ファスナーの上部を広げたとき、スライダーが勝手に下がらない。

81

レースをつける

クッションなどのまわりや、裾や袖口にレースをつけるときの縫い方です。

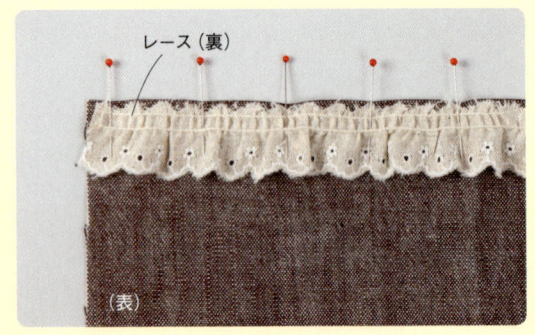

1 布とレースを中表にして、出来上がり線に合わせて、まち針でとめる。

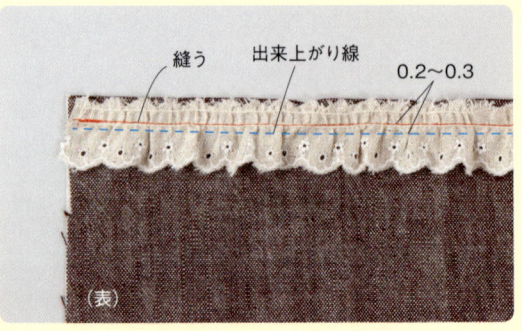

2 出来上がり線より0.2～0.3cm縫い代側を縫い、仮止めする（裾など1枚の布端につけるときは出来上がり線を縫う）。

3 2の布の上に、もう1枚の布を中表にのせ、縫い代の端を揃えてまち針でとめる。（裾など1枚の布端につける場合は3、4の工程はなし）。

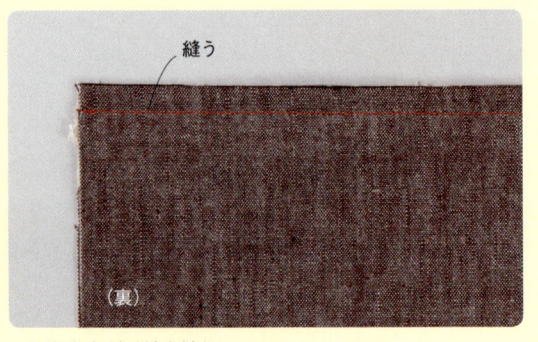

4 出来上がり線を縫う。

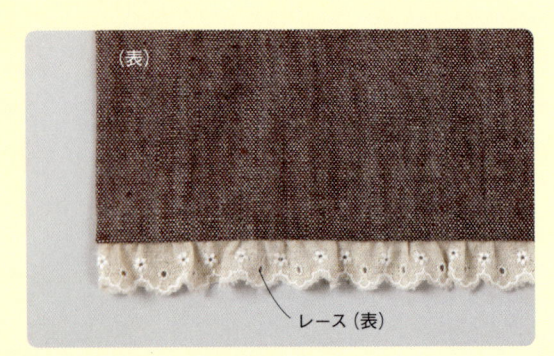

5 表に返し、アイロンで整える。

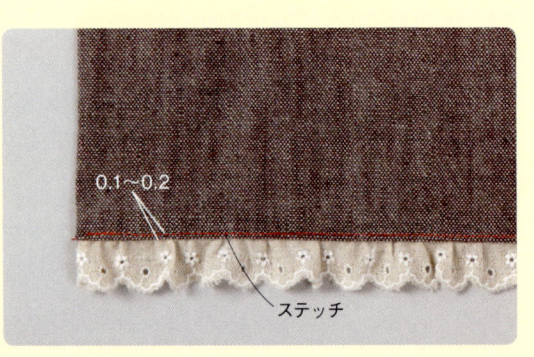

6 布端にステッチをかけて出来上がり。

パイピングテープをつける

クッション、ポーチ、バッグなどの縁に装飾として使われ、補強にもなります。ファスナーをつけるときに使う押え金（片押え）で縫います。

⇨ **パイピングテープとは**
バイアステープの中心に芯（コード）が入ったもの。自分でつくるときはバイアステープを二つ折りにし、凧糸などを芯にして中に入れます。

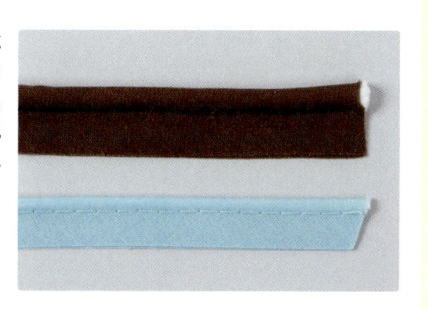

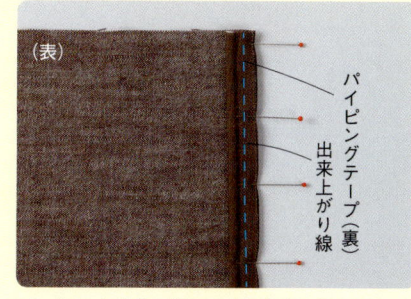

1 布とパイピングテープを中表にして、テープの芯が出来上がり線の内側にくるように合わせてまち針でとめる。

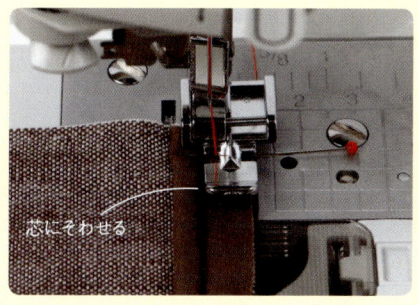

2 押え金を片押えに替え、押え金の端を芯にそわせるようにして縫う。

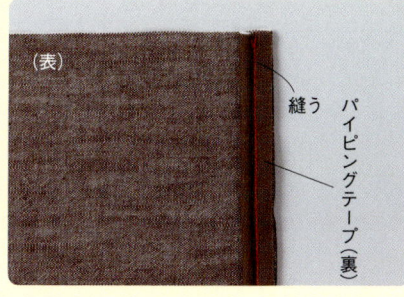

3 芯の脇を縫ったところ。

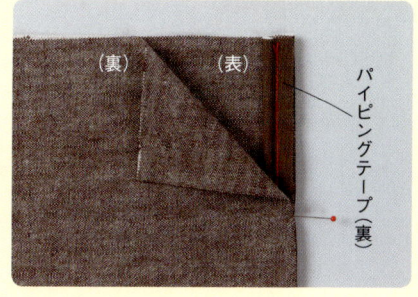

4 3の上に、もう1枚の布を中表にのせ、縫い代の端を揃えてまち針でとめる。

5 片押えのまま、出来上がり線を縫う。

6 表に返し、アイロンで整える。

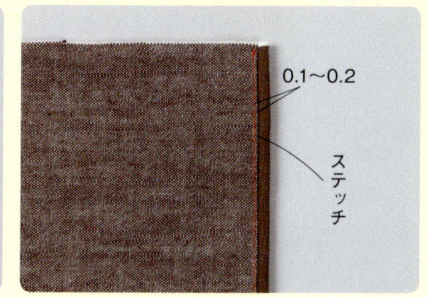

7 布端にステッチをかけて押さえる。（0.1〜0.2）

ひもをつくる

巾着やウエストに通すひもや、バッグの持ち手などを布でつくる場合の縫い方です。

⇨ **1枚の布でつくるか**
2枚の布を縫い合わせるか

① 縫ってから表に返す方法と、② 縫い代を折って外表に合わせ表からステッチで押さえる方法があります。2枚の布でつくれば、表と裏に別の布を使ってデザインすることもできます（p.101参照）。1枚のほうが縫い代と縫い目が少なく、しなやかな仕上りになります。

1枚の場合 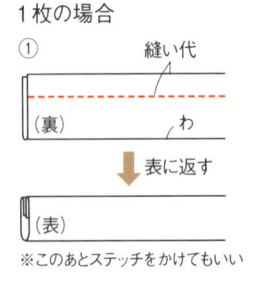
① 縫い代 / （裏） わ
→ 表に返す
（表）
※このあとステッチをかけてもいい

2枚の場合
① 縫い代 / （表）（裏） / 縫い代
→ 表に返す
（裏）（表）
※このあと両端をステッチで押さえた方が、布がずれず、しっかりする

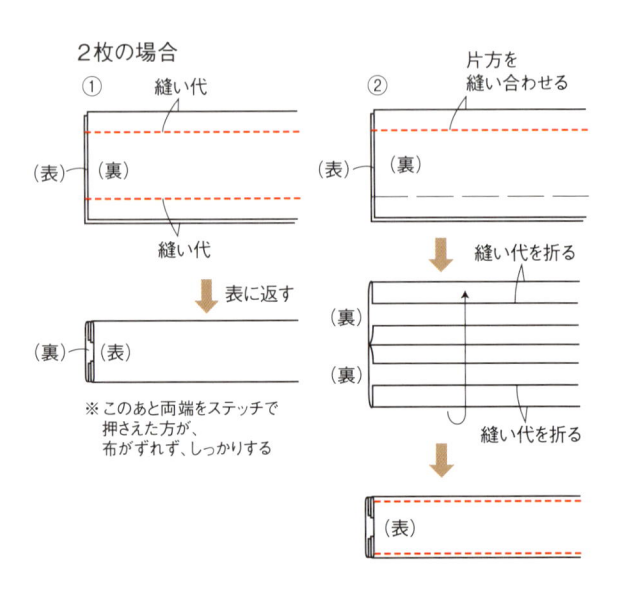

② 片方を縫い合わせる
（表）（裏）
→ 縫い代を折る
（裏）（裏）
→ 縫い代を折る
（表）

1枚の場合（②縫い代を折って外表に合わせる方法）

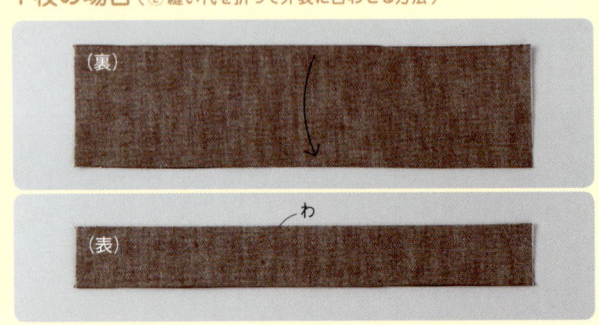

1 外表に半分に折り、アイロンで押さえる。

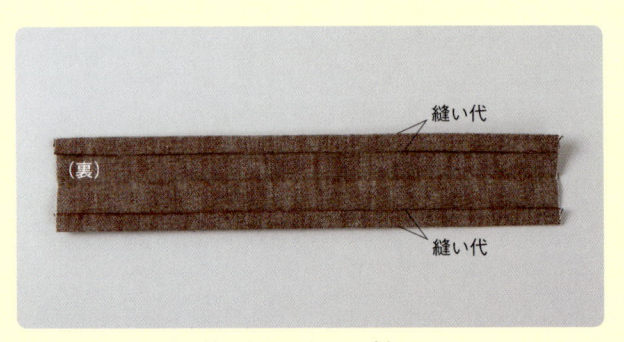

2 一度開いて両脇の縫い代をアイロンで折る。

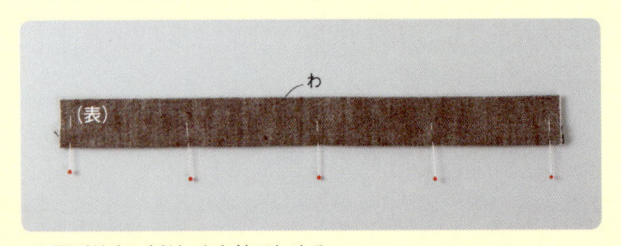

3 再び外表に折り、まち針でとめる。

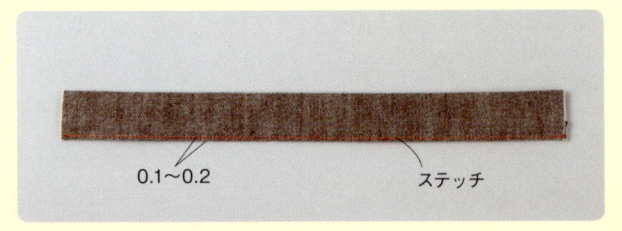

4 縫い代をステッチで押さえる。 0.1〜0.2 ステッチ

Part 5 つくってみよう！

Tote bag *

ⓐ マチつき トートバッグ
作り方 ◆ 94ページ

1枚の布でつくるマチつきトートです。持ち手は本革。縫い代をバイアステープでくるみ、すっきりした仕上がりです。1枚仕立てなので、あっという間に縫えてしまいます。

b
裏布つき
トートバッグ
作り方 ◆ 98 ページ

ⓐと同じ型紙で裏布をつけています。チェック柄に方向があるので、裁断に気をつけます。

Tote bag*

ペットボトルホルダー

作り方 ◆ 104ページ

本体と口布のコーディネートが楽しい、かわいいペットボトルホルダー。長さを変えるだけのサイズ違い2タイプ。底の曲線縫いは、丁寧にゆっくりと縫えば、ビギナーでも大丈夫。

d ポーチ
作り方 ◆ 108 ページ

e 裏布つきポーチ
作り方 ◆ 111 ページ

コスメを入れたり、何かと重宝するファスナーつきのポーチ。同じ型紙でつくりますが、一枚仕立てと裏布つきでファスナーのつけ方が異なります。

Pouch.

Tunic *

f ラウンドネックの チュニック
作り方 ◆ 114 ページ

ダーツや袖つけなど、洋服づくりの基本的なテクニックが学べるチュニックです。衿ぐりは共布で縁どりをして仕上げます。バイアステープは別布を使ってアクセントにしても素敵。

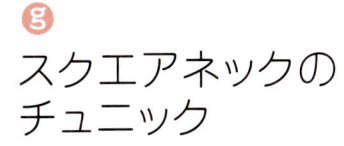

g スクエアネックの チュニック
作り方 ◆ 118 ページ

f のチュニックの衿ぐりをスクエアにし、丈を長くしてアレンジ。衿ぐりは見返しで仕上げます。見返しを押さえたステッチもデザインです。

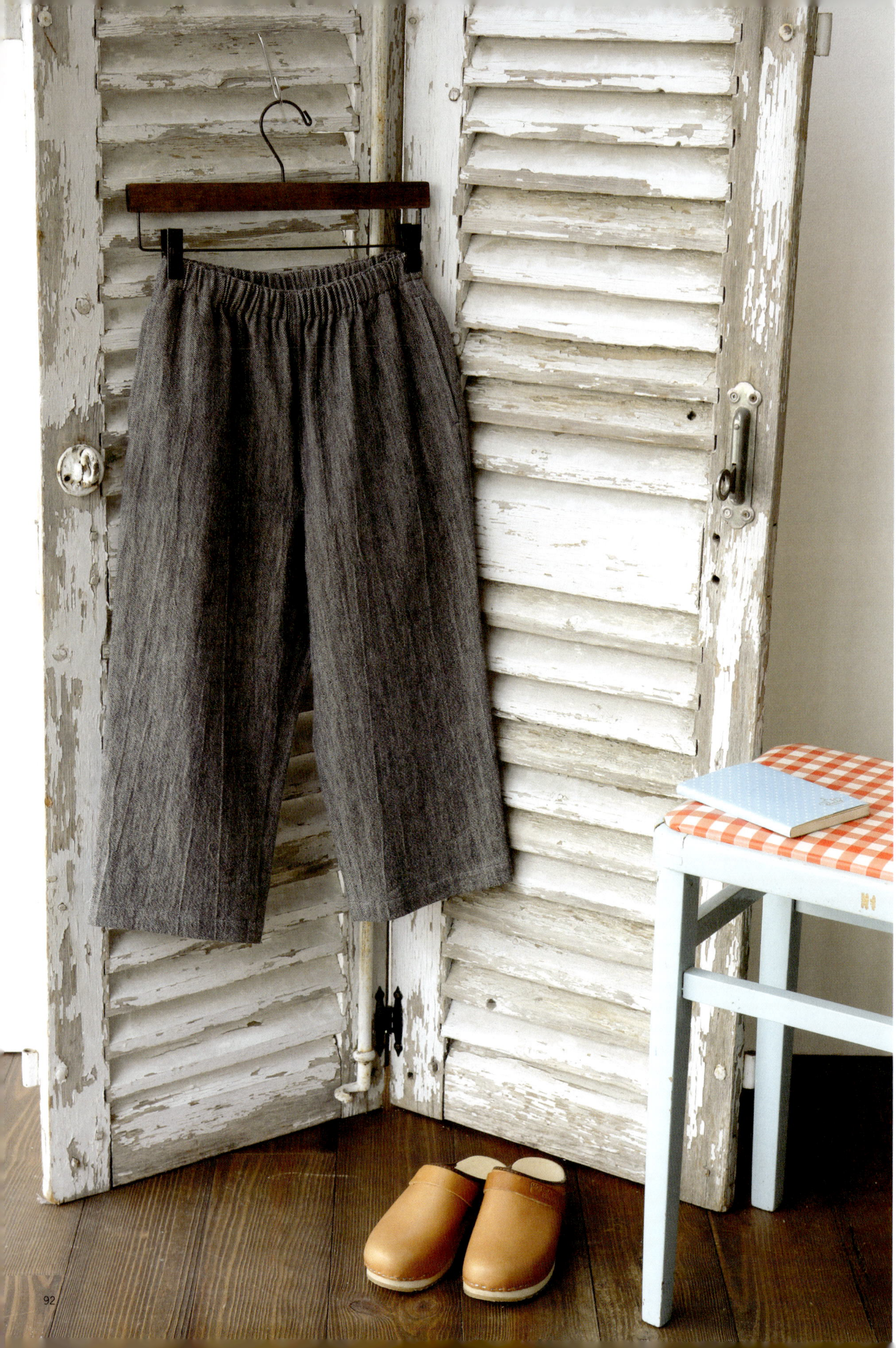

h 七分丈パンツ
作り方 ◆ 123 ページ

脇ポケットと後ろポケットをつけて、実用的なパンツにしました。ウエストはゴムなのでつくるのも着るのも楽です。

i 子どもパンツ (80〜110cm)
作り方 ◆ 120 ページ

四角いポケットを後ろに1つつけました。小さいのであっという間に仕上がりそうです。

Pants

a マチつきトートバッグ

口絵 p.86 ・ 実物大型紙 A面

出来上がり寸法

幅27cm×高さ34cm×マチ10cm

材料

カラー帆布／110cm幅×45cm
バイアステープ（両折り）／1.27cm幅×230cm
持ち手（革）／2cm幅×40cm 1組

作り方順序

1. 脇を縫う
2. マチを縫う
3. 内ポケットを縫う
4. 袋口を縫う
5. 持ち手をつける

裁ち合わせ図

※単位＝cm
※縫い代は指定以外1cm

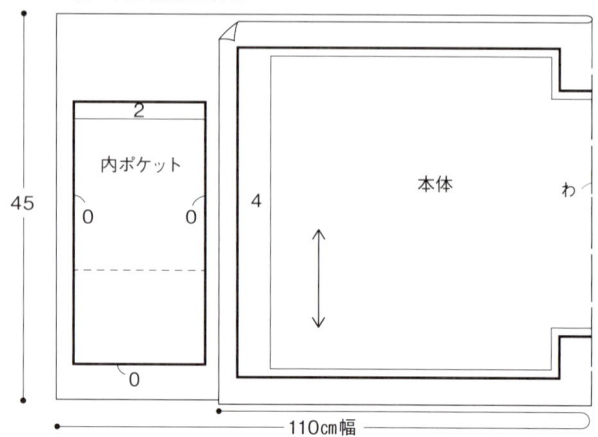

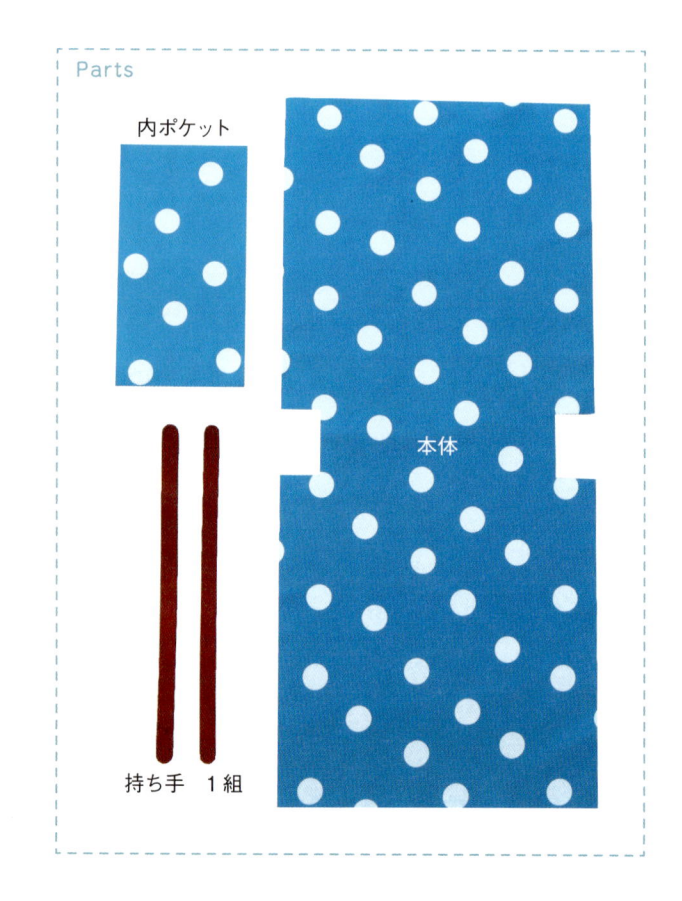

内ポケット
本体
45
110cm幅

Parts

内ポケット
本体
持ち手 1組

1. 脇を縫う

袋口折り代の縫い代はあとから割るのでここで切り込みを入れます。

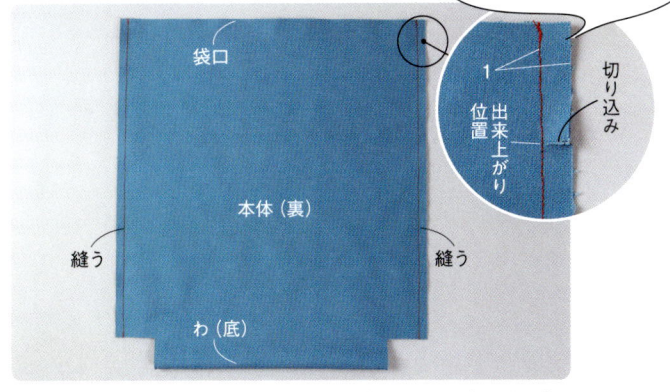

1 袋口を出来上がりにアイロンで折る。折り代を一度開き、本体を中表に折って両脇を縫う。袋口出来上がり位置の縫い代に、縫い目の少し手前まで切り込みを入れる。

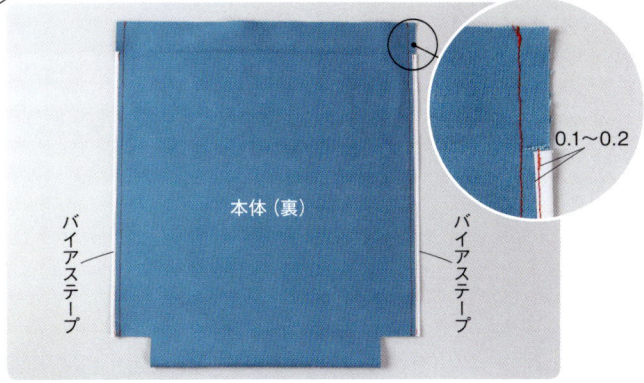

2 切り込みまでの両脇の縫い代をバイアステープで始末する。（バイアステープのつけ方 p.76 参照）

2. マチを縫う

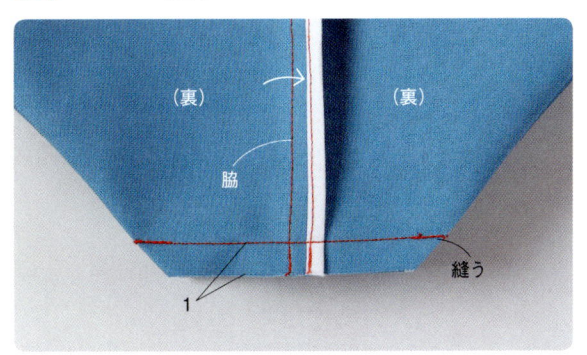

1 脇の縫い代を片側に倒し、本体底の中央と脇を中表に合わせてマチを縫う。

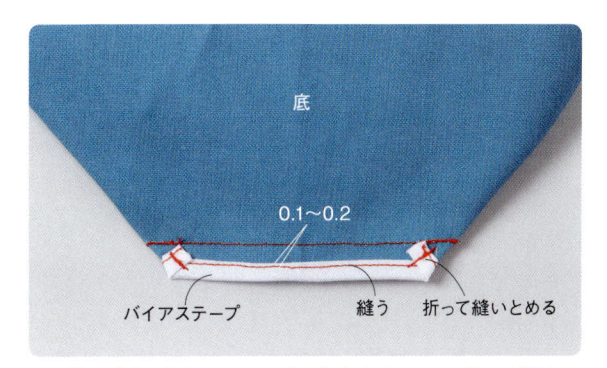

2 縫い代をバイアステープで始末する。テープの両端は、1cmずつ余分に縫ってカットし、底側に折り、縫いとめる。

3 もう一方のマチも同様に縫い、縫い代を底側に倒す。

3. 内ポケットを縫う

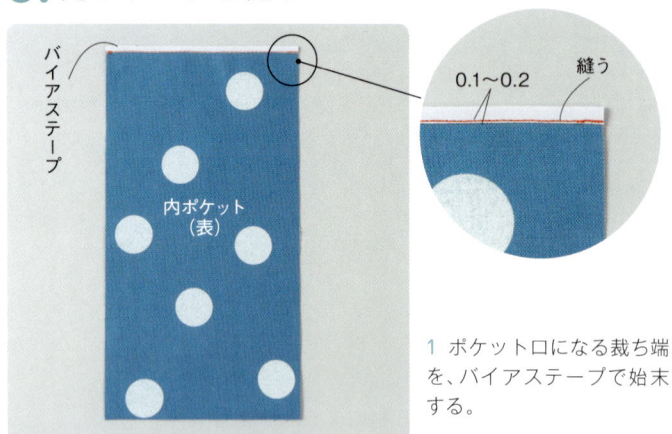

1 ポケット口になる裁ち端を、バイアステープで始末する。

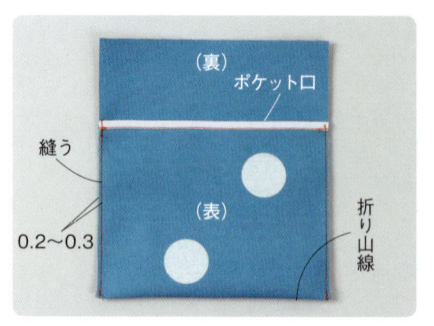

2 折り山線で外表に折り、両脇をポケット口まで縫う。

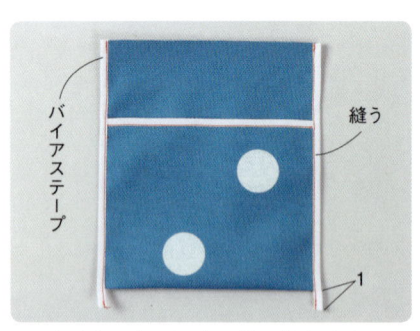

3 内ポケットの両脇の縫い代をバイアステープで始末する。底側のバイアステープは、1cm余分に縫ってカットする。

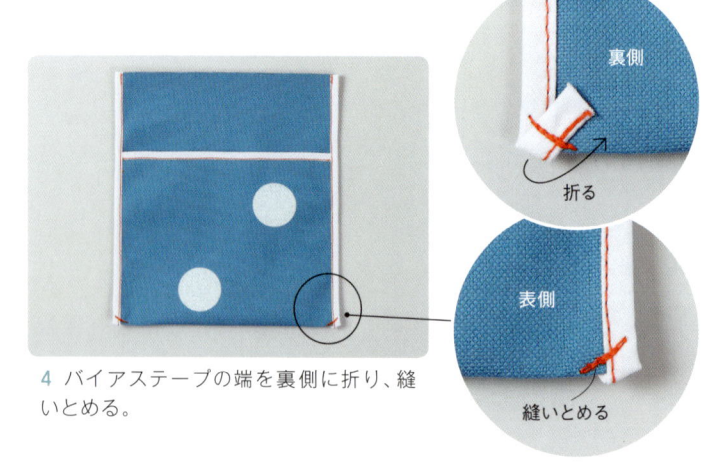

4 バイアステープの端を裏側に折り、縫いとめる。

4. 袋口を縫う

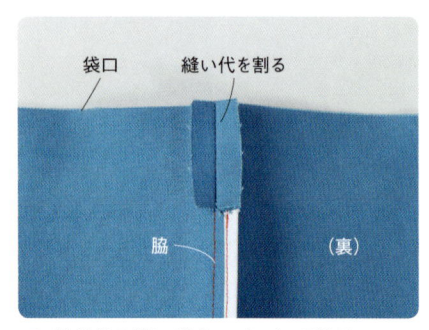

1 折り代の縫い代をアイロンで割る。

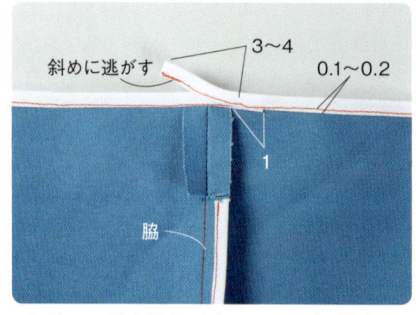

2 袋口の裁ち端をバイアステープで始末する。縫い終わりは1cmくらい重ねてから斜めに逃がし、3〜4cm余分に縫ってカットする。

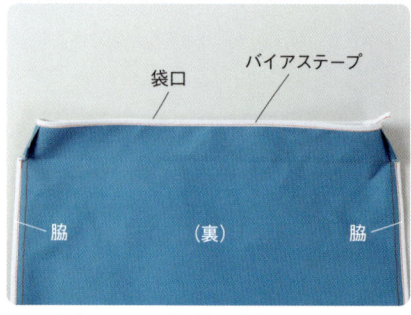

3 バイアステープの端は裏側に折り、縫いとめる。写真は正面から見たところ。

part 5 つくってみよう！◆ マチつきトートバッグ

3 内ポケットの縫い代に袋口を重ね、中心を合わせてまち針でとめる。

4 バイアステープの縫い線に重ねて縫い、内ポケットを袋口につける。

内ポケットを裏側から見たところ。

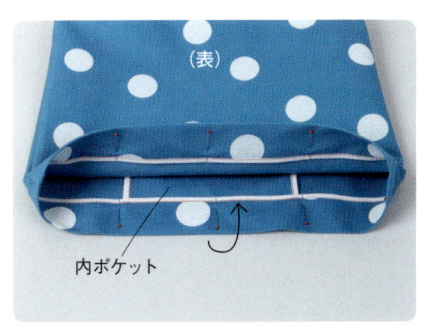

5. 持ち手をつける

5 袋口を出来上がりに折る。

6 ステッチをかけ、縫い代を押さえる。

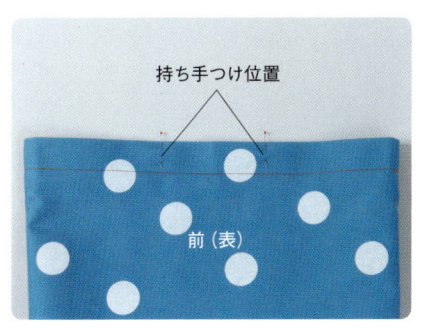

1 持ち手つけ位置にまち針を打つ。

2 まち針の外側に持ち手の内側を合わせ、本返し縫い（p.24参照）でしっかりと縫いつける。

出来上がり。

Tote bag*

口絵 p.87

b 裏布つきトートバッグ ✂ 実物大型紙 A面

出来上がり寸法

幅27cm×高さ34cm×マチ10cm

材料

表布・コットン（スラブダンガリー）／110cm幅×50cm
裏布・コットン（スラブダンガリー）／110cm幅×50cm

作り方順序

1. ポケットを縫う
2. 本体の脇と底を縫う
3. マチを縫う
4. 持ち手をつける
5. 表布と裏布を縫い合わせる
6. 表に返し、返し口と袋口を縫う

裁ち合わせ図

※単位＝cm
※縫い代は指定以外1cm

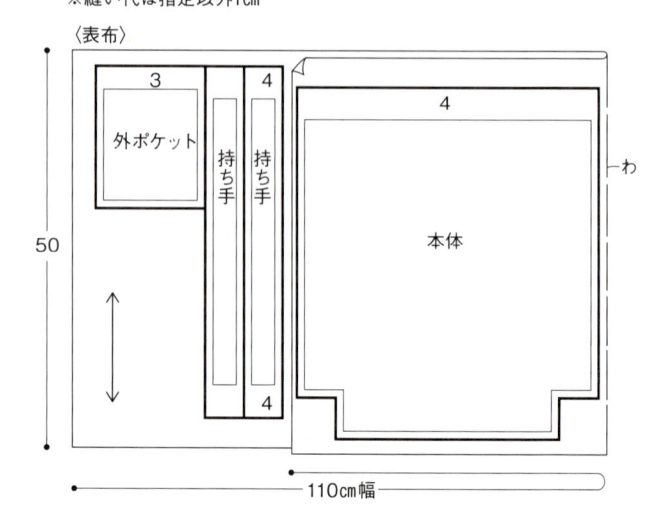

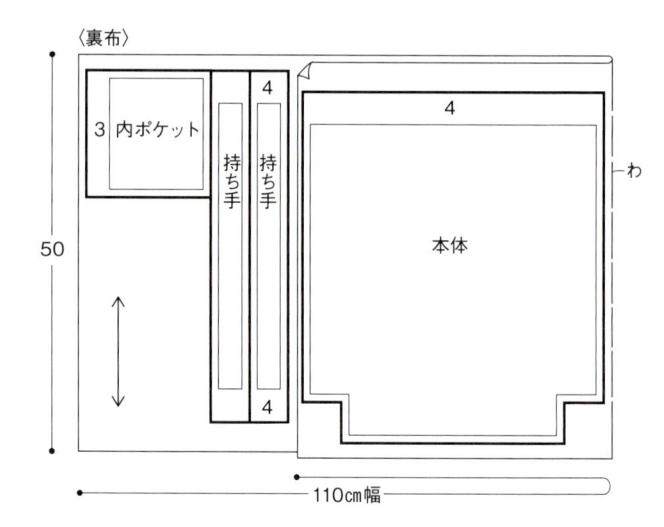

〈表布〉 110cm幅 × 50
- 3 外ポケット
- 4 持ち手
- 4 本体（わ）

〈裏布〉 110cm幅 × 50
- 3 内ポケット
- 4 持ち手
- 4 本体（わ）

Parts

柄に方向があるときは裁断に気をつけましょう（p.67参照）

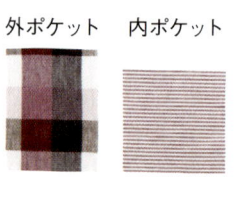

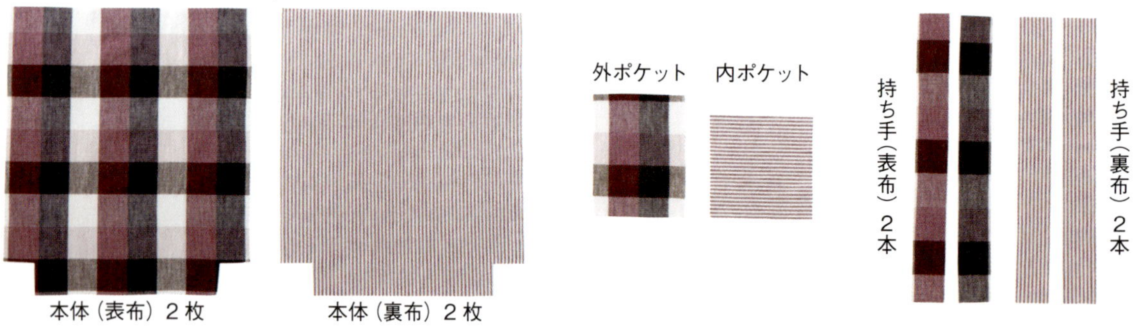

- 本体（表布）2枚
- 本体（裏布）2枚
- 外ポケット
- 内ポケット
- 持ち手（表布）2本
- 持ち手（裏布）2本

1. ポケットを縫う

ポケット口の始末は
三つ折りでも
完全三つ折りでもOK！
デザインや布に合った方法で。
（p.55参照）

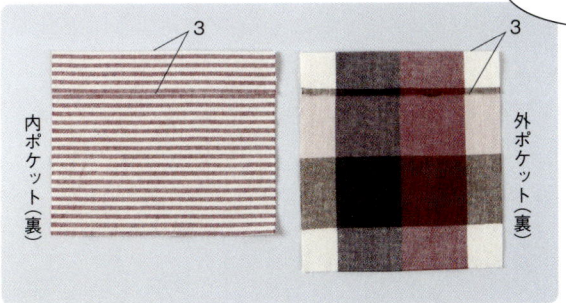

1 外ポケット、内ポケットとも、ポケット口を出来上がりにアイロンで折る。

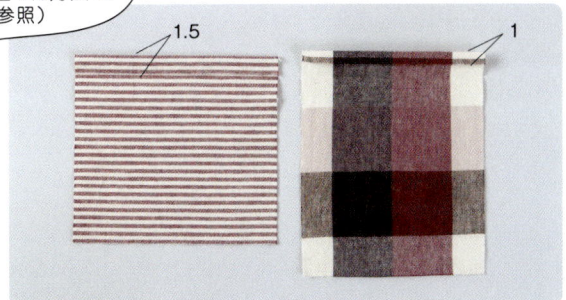

2 1で折った縫い代を一度開いて、外ポケットは1cm、内ポケットは縫い代の半分（1.5cm）にアイロンで折る。

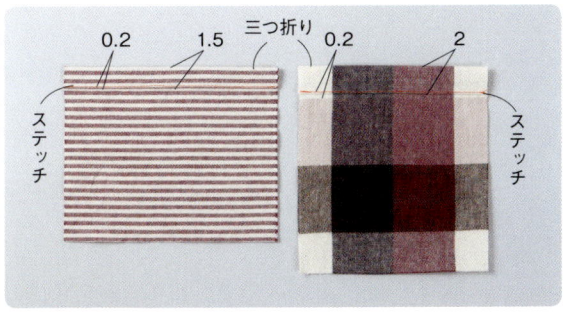

3 それぞれポケット口を三つ折りにしてステッチをかける。

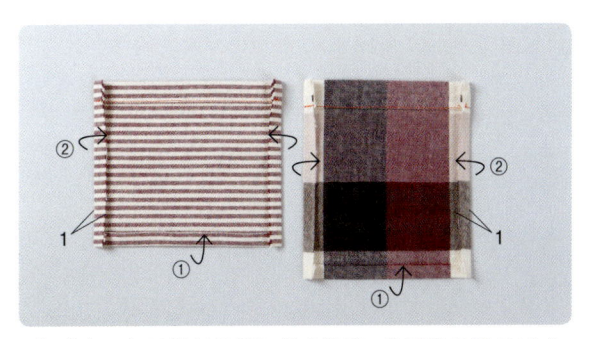

4 ポケット口以外の縫い代を①底、②両脇の順にアイロンで折る。

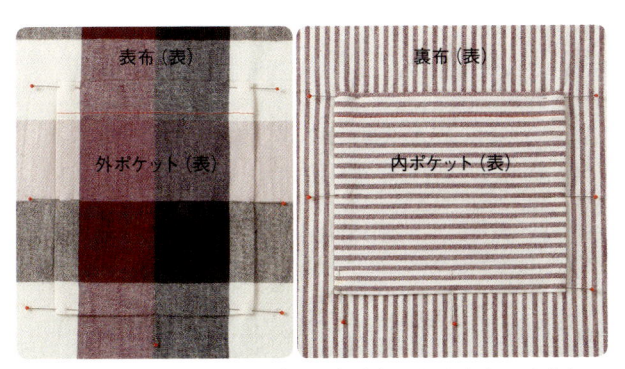

5 外ポケットは表布の1枚に、内ポケットは裏布の1枚に、それぞれポケットつけ位置に合わせてまち針でとめる。

ポケット口に
2本ステッチを入れることで
補強にもなります。

6 ポケットを縫いつける。ポケット口の両脇は、縫い代が出てこないようにもう1本ステッチを入れて縫い代を押さえる。

2. 本体の脇と底を縫う

裁断するときに脇でチェックの柄と方向がきれいに合うように柄合わせしています。（p.67参照）

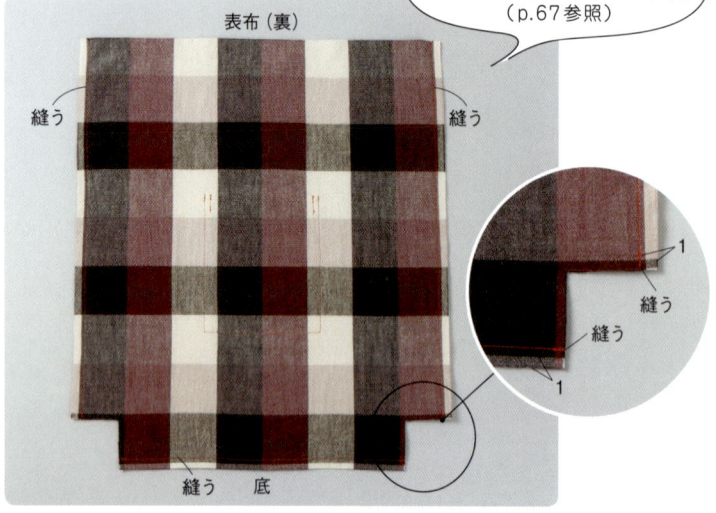

1 表布を中表に合わせて底と両脇を縫う。

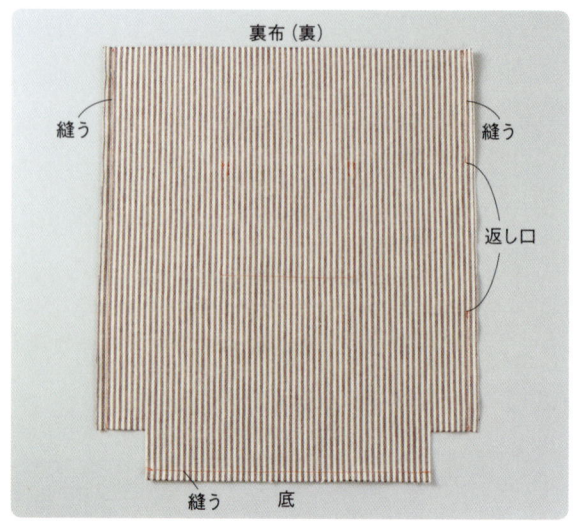

2 裏布を中表に合わせて底を縫い、脇は片方に返し口を残してそれぞれ縫う。

3. マチを縫う

1 表布、裏布とも、底と脇の縫い線を合わせてマチを縫う。底と脇の縫い代を互い違いに倒す。

2 マチの縫い代は、底側に倒す。

4. 持ち手をつける（持ち手のつくり方はp.84参照）

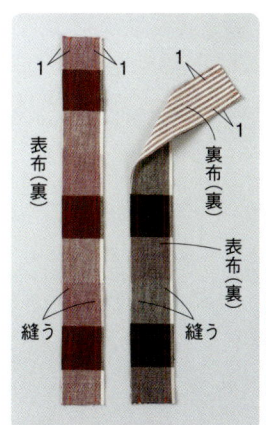

1 持ち手は2本とも、表布と裏布を中表にして両脇を縫う。
2 縫い代を縫い目にそってアイロンで折り、片側の布端にミシンをかける。あとでほどくので返し縫いはしなくてよい。

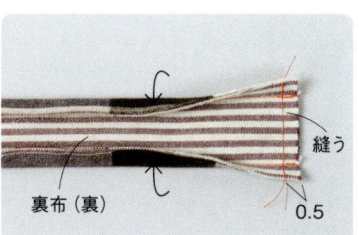

3 表に返し（下記の返し方参照）、アイロンで整える。
4 それぞれ両端にステッチをかける。

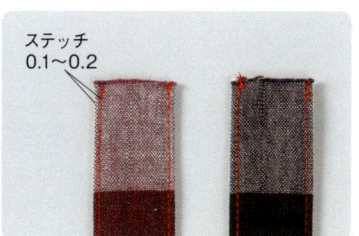

持ち手の返し方

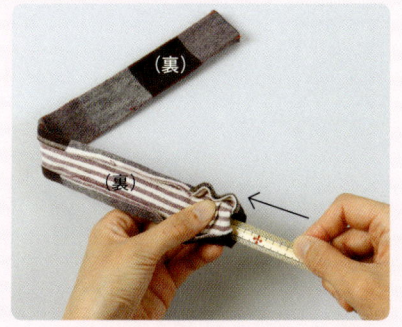

① 2の縫い目に定規など細長い棒を当てて中へ押し込む。

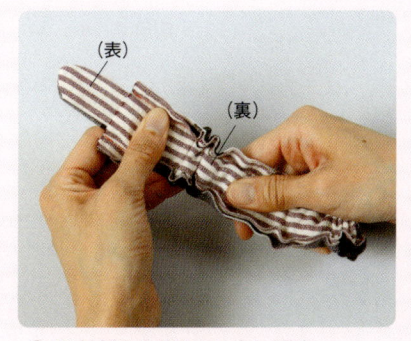

② 反対側から出して、表に返す。

③ 2の縫い目を、目打ちなどを使ってほどく。

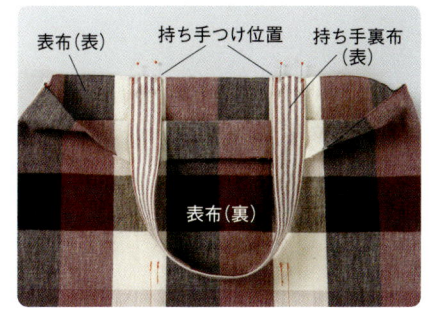

5 本体表布の持ち手つけ位置に持ち手の内側を中表に合わせ、布端をそろえてまち針でとめる。

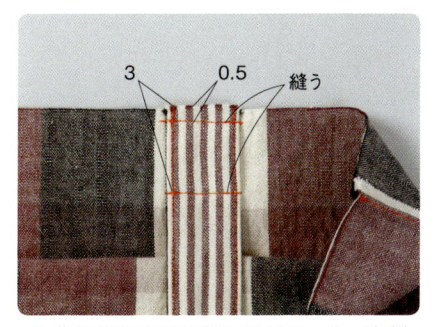

6 袋口に持ち手を縫いつける。3cm内側も縫い、持ち手を仮止めする。

7 もう1本も同じように仮止めする。

5. 表布と裏布を縫い合わせる

1 表に返し、袋口を出来上がりにアイロンで折る。

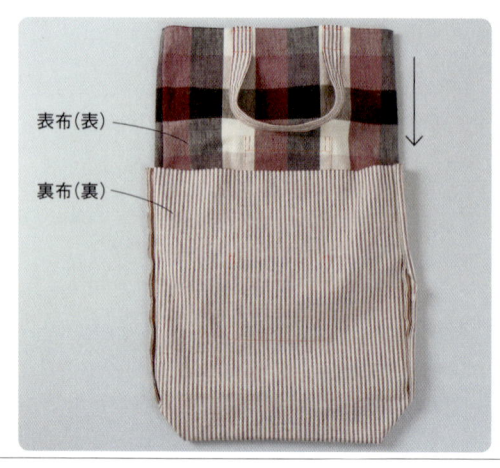

2 裏布の中に表布を入れ、中表に合わせる。

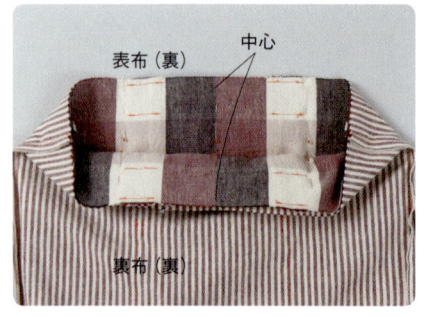

3 袋口を合わせて、脇、中心、その間の順にまち針を打ってとめる。

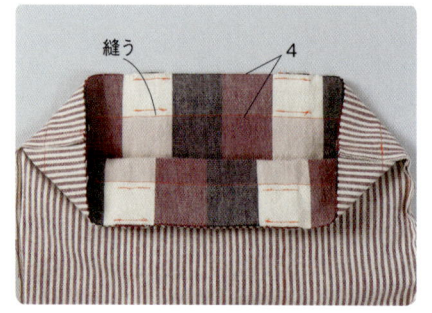

4 表布と裏布の袋口を縫い合わせる。

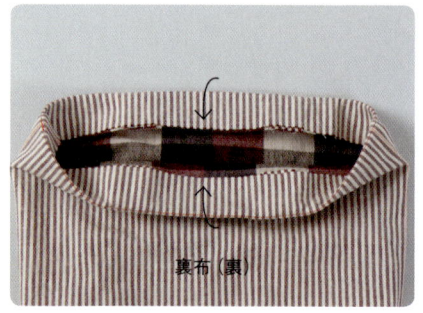

5 縫い代を表布側に倒す。

6 表布を裏布から引き出す。

Part 5 つくってみよう！◆裏布つきトートバッグ

> これを中とじといいます。

裏布 底(裏) マチの縫い代を合わせる 表布 底(裏)

7 表布と裏布のマチの縫い代を合わせてまち針でとめる。

縫いとめる

8 縫い代どうしを縫いとめる。

マチ 裏布 底(裏) マチ

両方のマチを縫いとめたところ。

> 底をとめておくと袋に入れた物を取り出すときに裏布が一緒に出てきてしまう心配もなく形もしっかりします。

6. 表に返し、返し口と袋口を縫う

> まつり縫いで仕上げればリバーシブルのバッグに！

1 裏布の返し口に手を入れて、中を引き出すようにして表へ返す。

返し口 裏布(表)

2 表に返したところ。

縫う 0.1～0.2

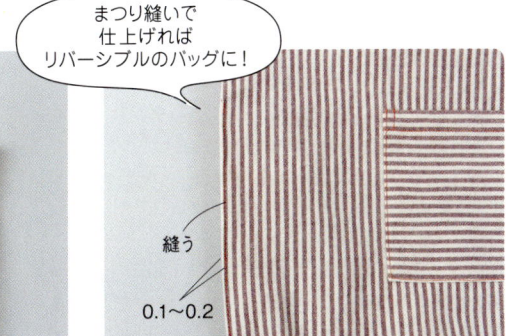

3 返し口の縫い代を内側に入れてアイロンで整え、端をつまむようにして縫い、口を閉じる。

ステッチ 3 0.2 表布(表)

4 袋口にステッチを2本かける。

出来上がり。

Tote bag *

103

C ペットボトルホルダー　実物大型紙 B面

口絵 p.88

出来上がり寸法

大／直径8cm×25cm
小／直径8cm×21cm

材料（大・小とも）

表布・コットン／45cm×35cm
別布・コットン／40cm×25cm
バイアステープ／1.27cm幅×30cm
Dカン（2cm）／2個、ひも／60cm、ストッパー／1個

作り方順序

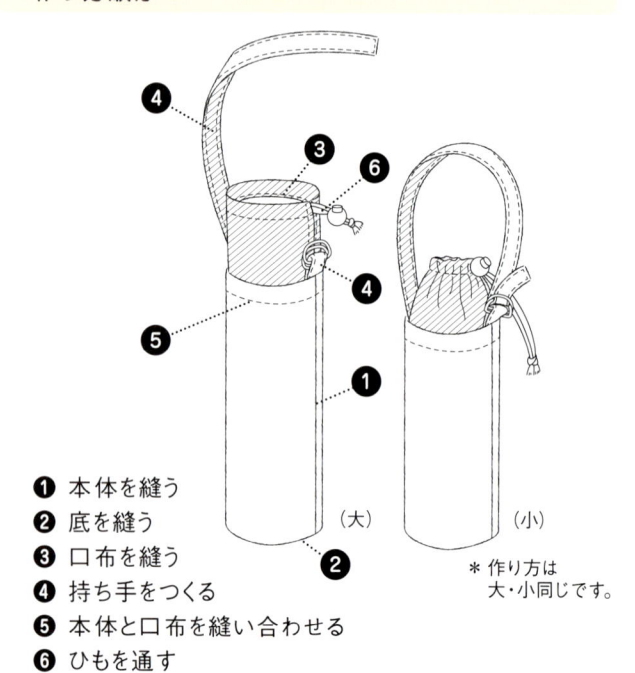

❶ 本体を縫う
❷ 底を縫う
❸ 口布を縫う
❹ 持ち手をつくる
❺ 本体と口布を縫い合わせる
❻ ひもを通す

＊作り方は大・小同じです。

裁ち合わせ図

※単位＝cm
※縫い代は指定以外1cm
※持ち手は、直線を布目に合わせて裁つ

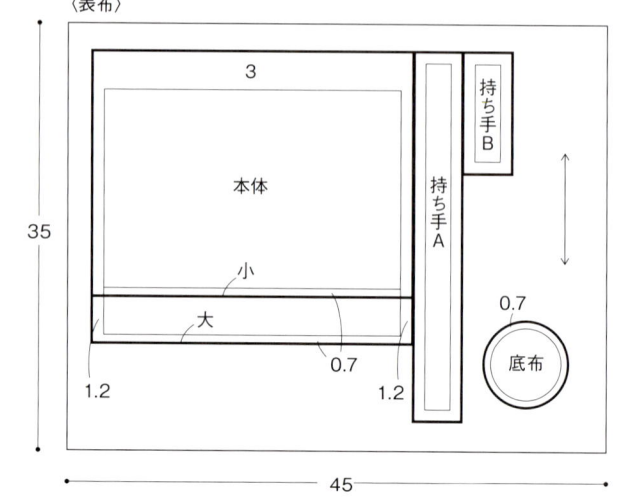

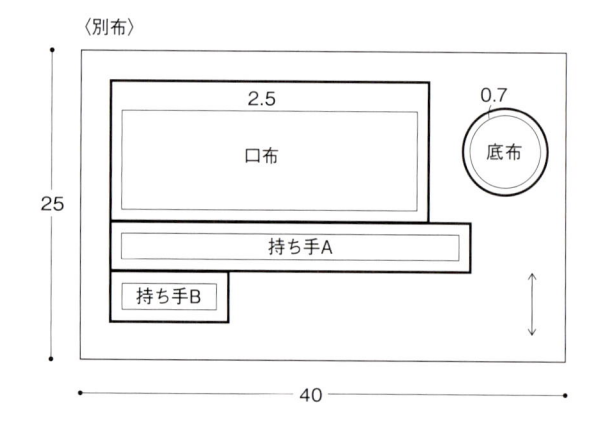

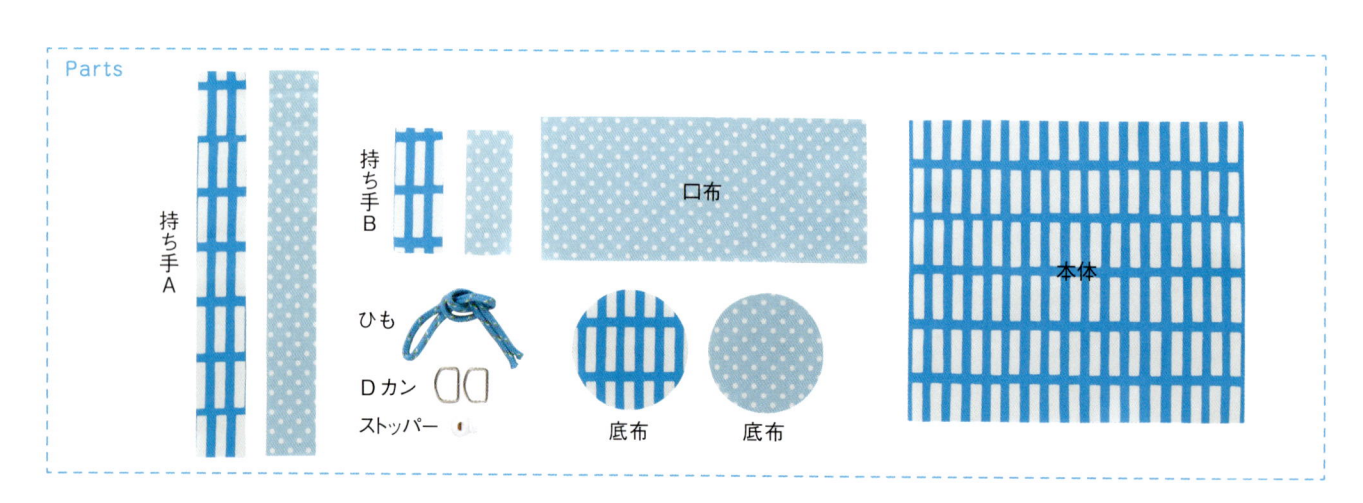

〈表布〉 45×35
本体 3
持ち手A
持ち手B
底布 0.7
大 1.2　小 0.7　1.2

〈別布〉 40×25
口布 2.5
底布 0.7
持ち手A
持ち手B

Parts

持ち手A　持ち手B　口布　本体
ひも　Dカン　ストッパー　底布　底布

1. 本体を縫う

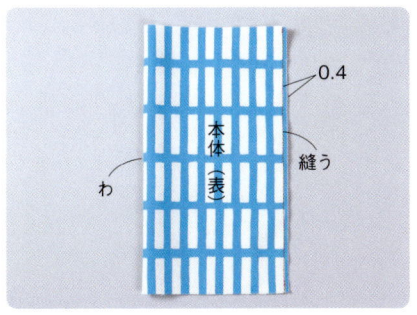

1 本体を外表に縦半分に折り、脇を0.4cm縫う。

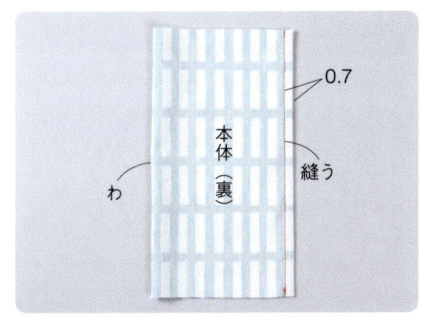

2 縫い代を片側にアイロンで倒してから、裏に返し、脇を袋縫い（p.56参照）にする。

2. 底を縫う

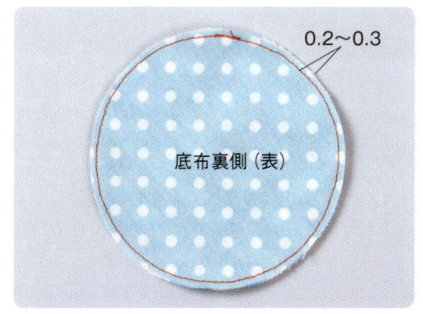

1 底布2枚を外表に合わせて周りを縫う。

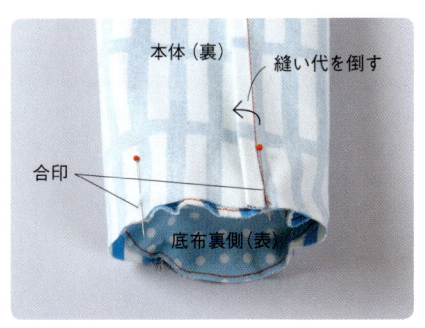

2 本体の底側と底布を中表に合印を合わせて、まち針でとめる。

3 合印と合印の間をまち針でとめる。

> 切り込みを入れると縫い代が開いてカーブに合わせやすくなります。

4 本体縫い代の半分まで細かく切り込みを入れ、さらに間をまち針でとめる。

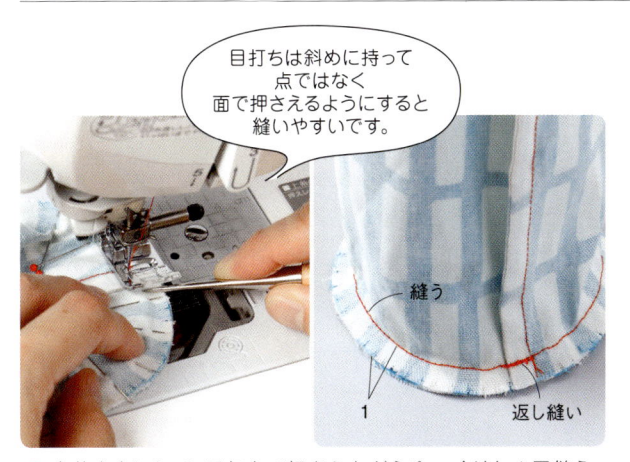

> 目打ちは斜めに持って点ではなく面で押さえるようにすると縫いやすいです。

5 本体を上にして、目打ちで押さえながらゆっくりと1周縫う。

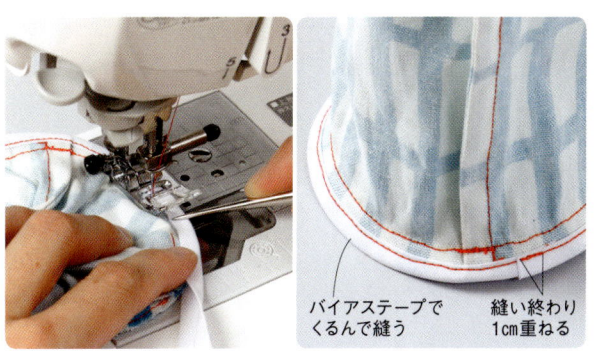

6 縫い代の端をバイアステープでくるみながら、同じようにゆっくりと1周縫う（p.74参照）。

3. 口布を縫う

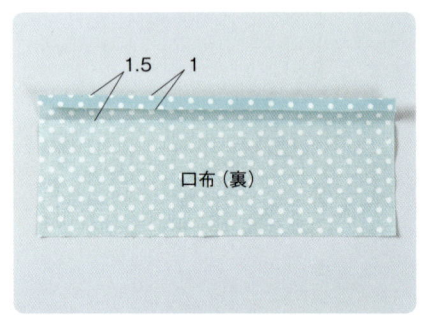

1 口布の上端をアイロンで三つ折りに折る。

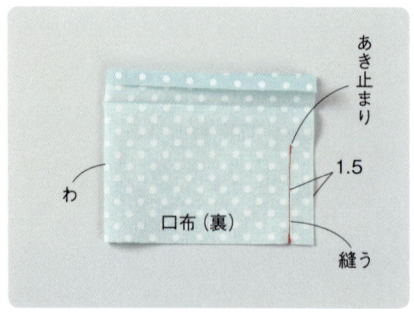

2 中表に半分に折り、あき止まりから下を縫う。

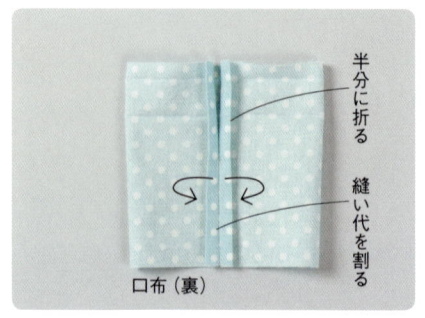

3 1で折った三つ折りを開き、脇の縫い代を割り、それぞれ半分に折る。

> 割った縫い代の端を折ってステッチをかける始末を割り伏せ縫い（p.56参照）といいます。

4 縫い代の端にステッチをかけ、表に返す。

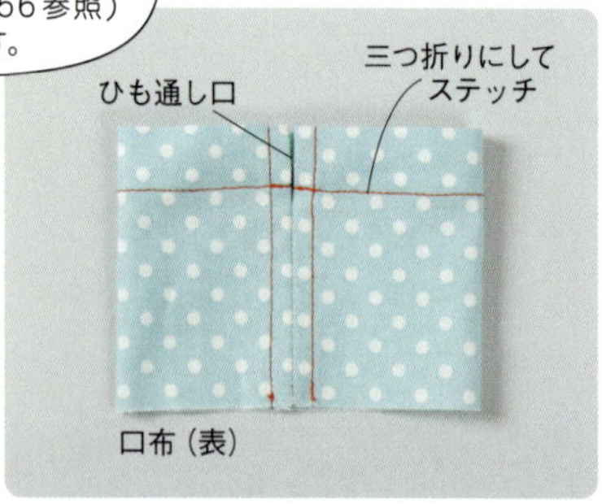

5 口布の上端をもう一度三つ折りにしてステッチをかける。ひも通し口が出来た。

4. 持ち手をつくる（p.84参照）

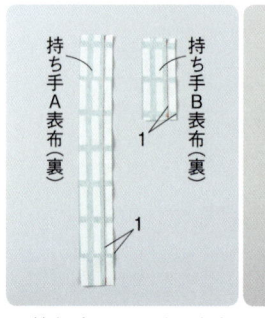

1 持ち手A・Bとも、表布と裏布を中表に合わせ、片側を縫い合わせる。

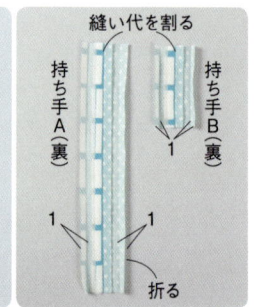

2 縫い代を割り、両端の縫い代をアイロンで折る。

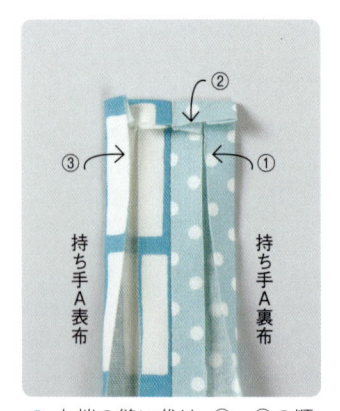

3 上端の縫い代は、①～③の順に折る。

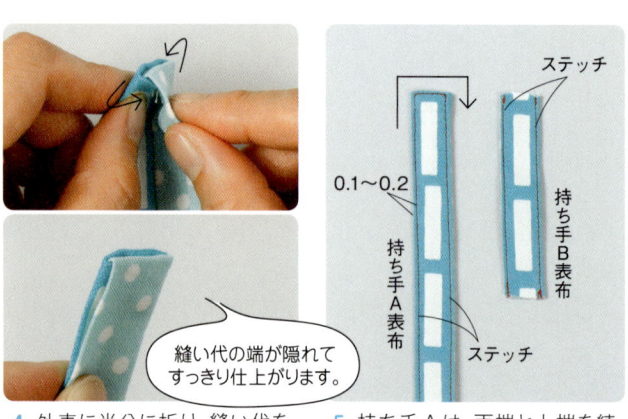

> 縫い代の端が隠れてすっきり仕上がります。

4 外表に半分に折り、縫い代を互い違いに折り込む。

5 持ち手Aは、両端と上端を続けて、Bは両端にステッチをかける。

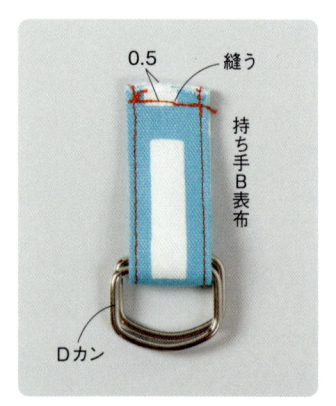

6 持ち手BにDカンを2つ通し、表布が外側になるように半分に折って端を縫う。

5. 本体と口布を縫い合わせる

1 本体の上端を出来上がりにアイロンで折る。

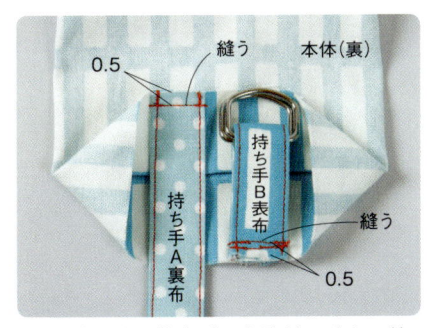

2 1を開き、持ち手Bを脇線の上に、持ち手Aをその反対側に、本体と中表に合わせて仮止めする。

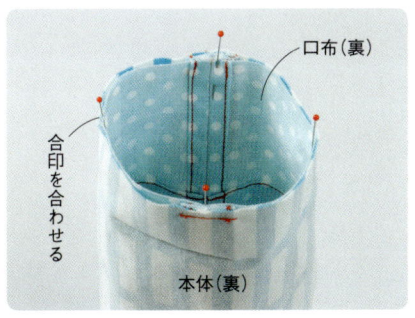

3 本体の上端と、口布の下端を中表に脇を合わせ、合印をまち針でとめる。

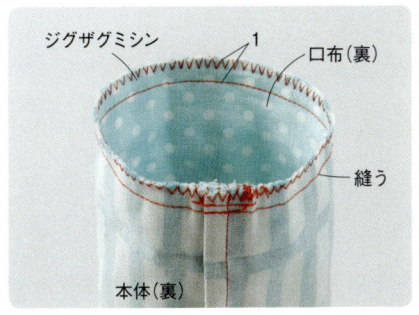

4 ぐるりと一周縫い合わせ、縫い代は2枚一緒にジグザグミシンで始末する。

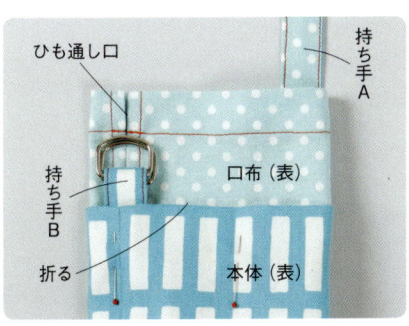

5 表に返し、本体の上端を再び出来上がりに折り、まち針でとめる。

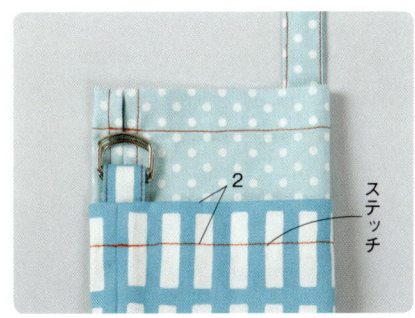

6 口布まで通して、ぐるりとステッチをかける。

6. ひもを通す

ひもの両端を一緒にテープでとめるとストッパーに通しやすい。

ひも通し口にひもを通す。ひもの両端をストッパーに通し、結んでから余分をカットする。

出来上がり。

PET bottle holder

口絵 p.89　ⓓポーチ　✂実物大型紙 A面

出来上がり寸法

幅12cm×高さ10.5cm×マチ6cm

材料

カラー帆布／55cm×20cm
金属ファスナー／20cm 1本
伸び止めテープ／1cm幅×50cm

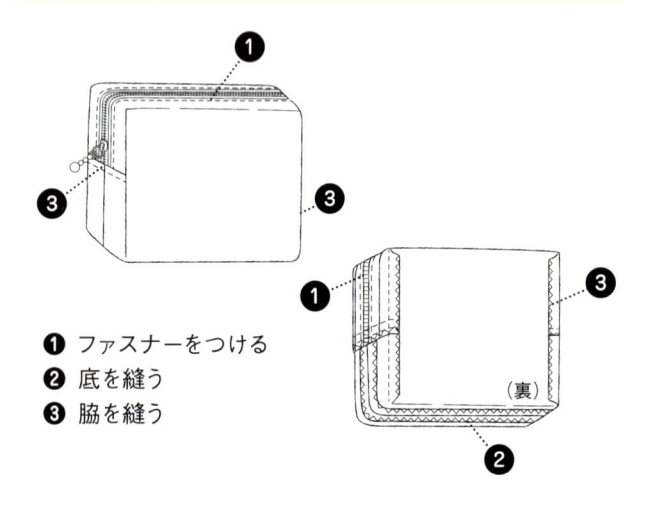

裁ち合わせ図

※単位＝cm　※▨は伸び止めテープ
※縫い代は1cm

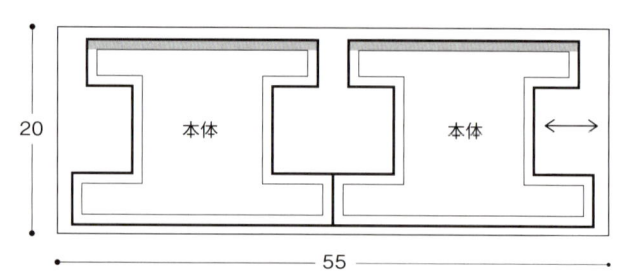

作り方順序

① ファスナーをつける
② 底を縫う
③ 脇を縫う

Parts

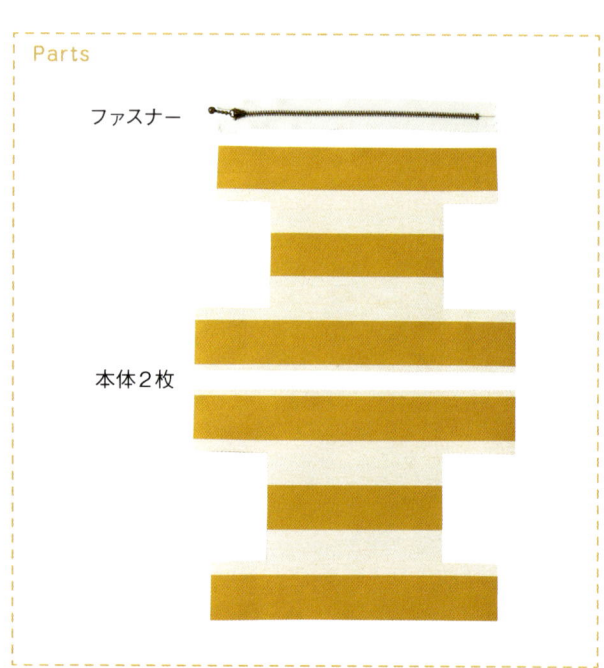

ファスナー
本体2枚

1. ファスナーをつける

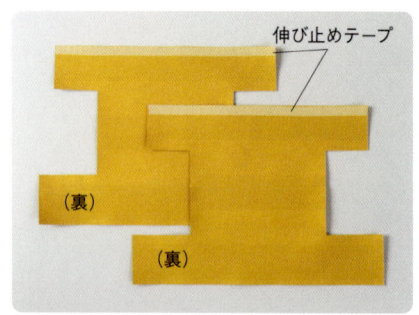

1　上端のファスナーつけ位置の縫い代裏面に、それぞれ伸び止めテープを貼る（p.13参照）。

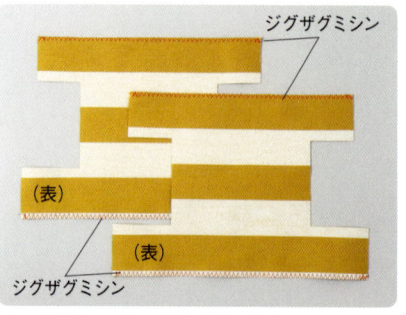

2　上端と下端の裁ち端をジグザグミシンで始末する。

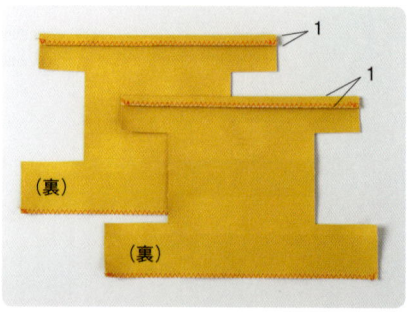

3　上端を出来上がりにアイロンで折る。

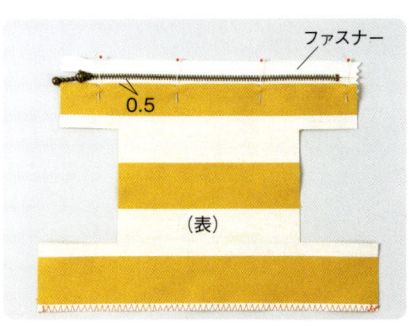

4 ファスナーの中心から0.5㎝の位置に上端がくるように、ファスナーの上止め、下止めをファスナーつけ位置に合わせてまち針でとめる。

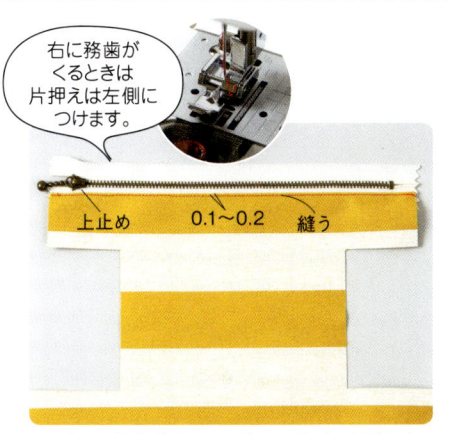

> 右に務歯がくるときは片押えは左側につけます。

5 押え金を片押えに替え、上止め側から縫ってファスナーをつける。

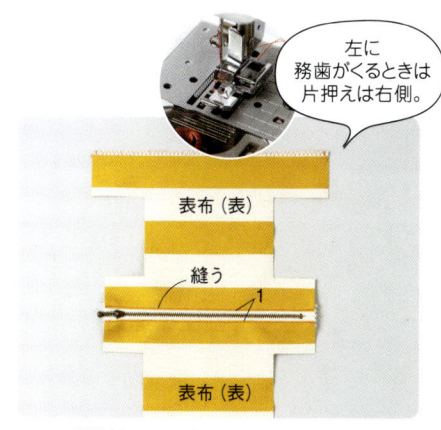

> 左に務歯がくるときは片押えは右側。

6 反対側も同じようにファスナーをつける。

ファスナーつけのポイント

① スライダーを下げて、縫い始める。

② 少し縫い進んだら、針を下ろした状態でミシンをとめ、押え金を上げてスライダーを後ろに移動し、再び押え金を下ろして続けて縫う。

③ 目打ちで手前の布端を押さえながら縫うとずれにくい。

2. 底を縫う

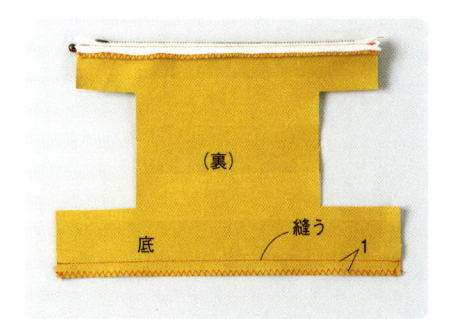

1 本体2枚を中表に合わせ、底を縫う。

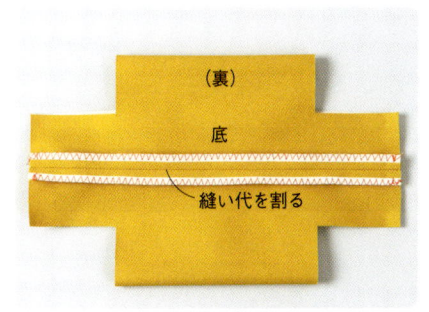

2 縫い代をアイロンで割る。

3. 脇を縫う

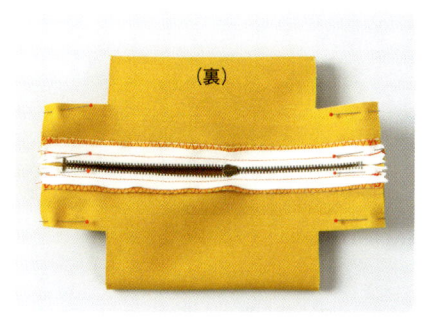

1 ファスナー側と底側の両端をそれぞれ中表に合わせてまち針でとめる。

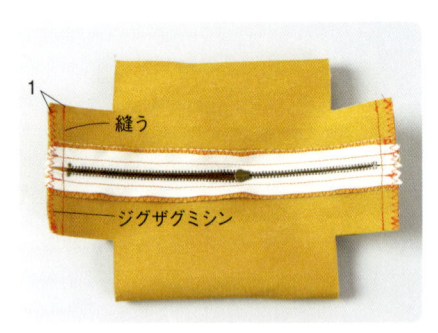

ファスナーを開けて
のぞきこむようにして
ステッチをかけます。

2 両端を縫い合わせ、縫い代は2枚一緒にジグザグミシンで始末する。

3 縫い代を底側に倒し、表からステッチをかけて縫い代を押さえる。

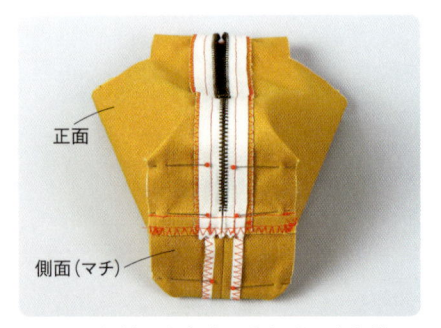

このとき
ファスナーが開いていないと
表に返せなくなるので注意！

4 正面と側面を中表に合わせてまち針でとめて脇を縫う。

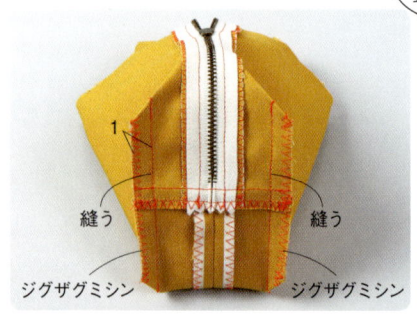

5 縫い代は2枚一緒にジグザグミシンをかける。

6 ファスナーを開け、反対側も同様に縫う。

出来上がり。

7 縫い代を縫い目にそって正面側にアイロンで折り、表に返す。

Pouch.

口絵 p.89

e 裏布つきポーチ ✂ 実物大型紙 A面

出来上がり寸法
幅12cm×高さ10.5cm×マチ6cm

材料
表布・コットン／40cm×30cm
裏布・コットン／40cm×30cm
コイルファスナー／20cm 1本
伸び止めテープ／1cm幅 50cm

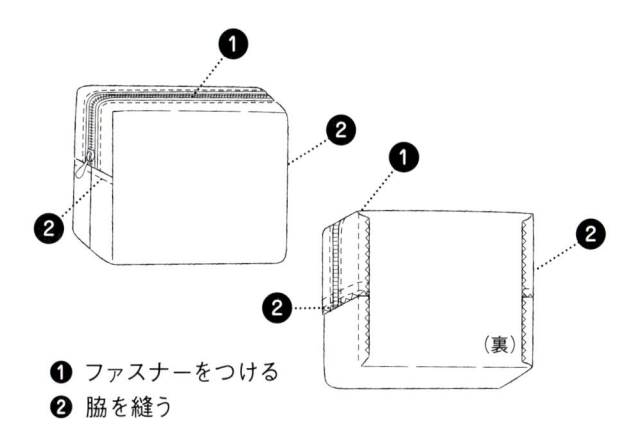

裁ち合わせ図
※単位＝cm　※ ▓▓▓▓ は伸び止めテープ
※縫い代は1cm

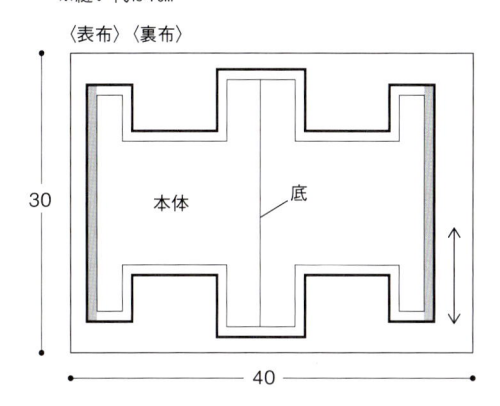

〈表布〉〈裏布〉
30 / 40
本体　底

作り方順序
❶ ファスナーをつける
❷ 脇を縫う

Parts
ファスナー
本体表布　本体裏布

1. ファスナーをつける

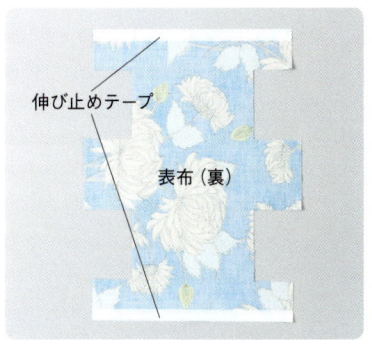

1 表布のファスナーつけ位置の縫い代裏面に、それぞれ伸び止めテープを貼る（p.13参照）。

2 一方の端とファスナーを中表に合わせる。ファスナーの中心から0.5cmの位置に表布の出来上がりがくるように、ファスナーの上止めと下止めをファスナーつけ位置に合わせてまち針でとめる。

3 ファスナーの端を縫い、仮止めする。
縫う　0.1〜0.2

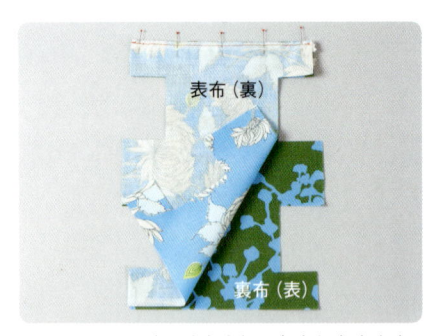

4 ファスナーをはさむように裏布と表布を中表に合わせ、ファスナー側の縫い代をまち針でとめる。

5 押え金を片押えに替えて縫い、ファスナーをつける（P.109参照）。

> ファスナーは布に隠れていますが左側に務歯がくるので片押えは右側。

6 表に返し、裏布の縫い線をアイロンで押さえてから2枚を外表に合わせ、表布の縫い線をアイロンで押さえる。

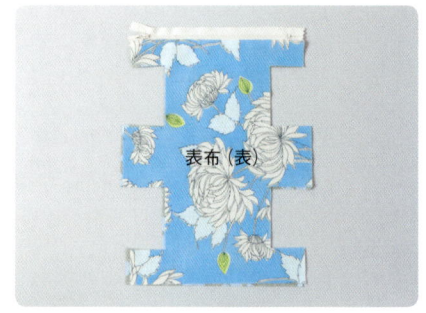

7 片側にファスナーがついたところ。

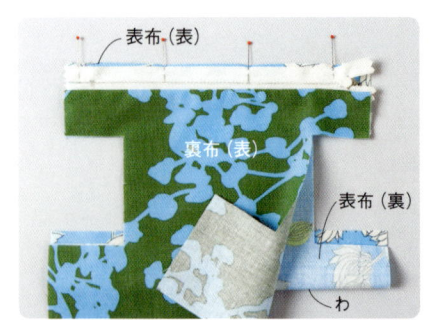

8 表布を中表に折り、ファスナーの反対側を表布と合わせてまち針でとめる。

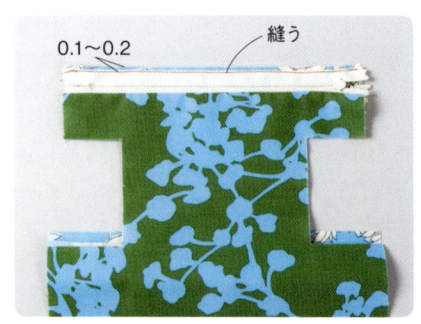

9 ファスナーの端を縫い、仮止めする。

10 裏布も中表に折り、ファスナーをはさむように合わせて縫い代をまち針でとめる。

part 5 つくってみよう！裏布つきポーチ

11 5と同じように片押えで縫い、ファスナーをつける。

12 6と同じように裏布と表布の縫い線をアイロンで押さえる。

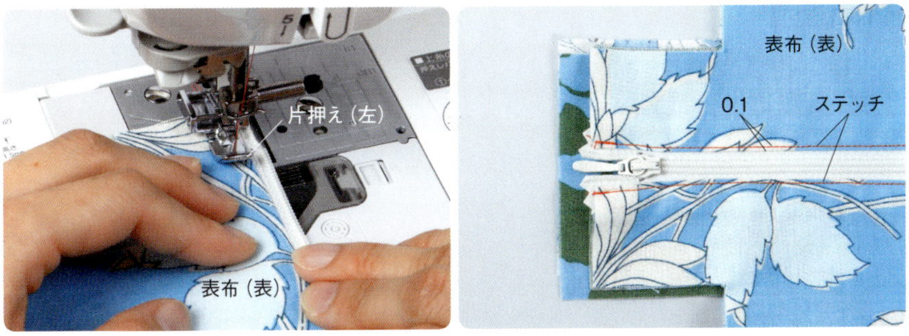

2. 脇を縫う

13 ファスナーを開いてスライダーをよけながらステッチをかけ（p.109参照）、縫い代を押さえる。片押えを右側にして反対側も同様にステッチをかける。

1 裏布側に返し、ファスナー側と底側の両端をそれぞれ中表に縫い合わせる。縫い代は2枚一緒にジグザグミシンで始末する。

2 縫い代を底側に倒し、表からステッチをかけて縫い代を押さえる。

ファスナーは開けた状態で脇を縫い合わせます。

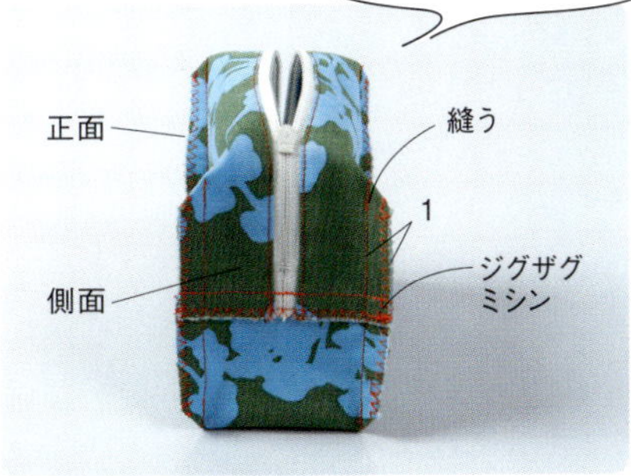

3 正面と側面を中表に合わせて脇を縫う。縫い代は2枚一緒にジグザグミシンをかけ、縫い目にそって正面側にアイロンで折り、表に返す。

出来上がり。

Pouch.

113

口絵 p.90

f ラウンドネックのチュニック ✂ 実物大型紙 B面

出来上がり寸法

着丈／S・M 60cm、L 61cm
胸囲／S 94cm、M 98cm、L 102cm

材料

コットン／110cm幅×140cm
伸び止めテープ／1cm幅×70cm

作り方順序

❶ 衿ぐりに伸び止めテープを貼る
❷ ダーツを縫う
❸ 袖口を三つ折りにする
❹ 肩を縫う
❺ 衿ぐりをバイアステープでくるむ
❻ 袖をつける
❼ 脇を縫う
❽ 袖口を始末する
❾ 裾を始末する

裁ち合わせ図

※単位＝cm　※▨▨は伸び止めテープ
※縫い代は指定以外 1cm
※P.74 を参照して 4×70cm にバイアステープを裁つ

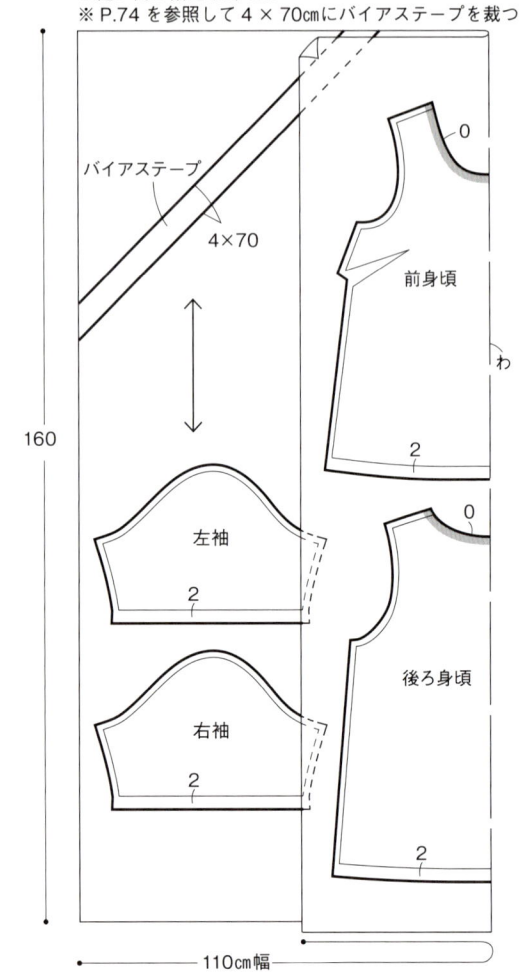

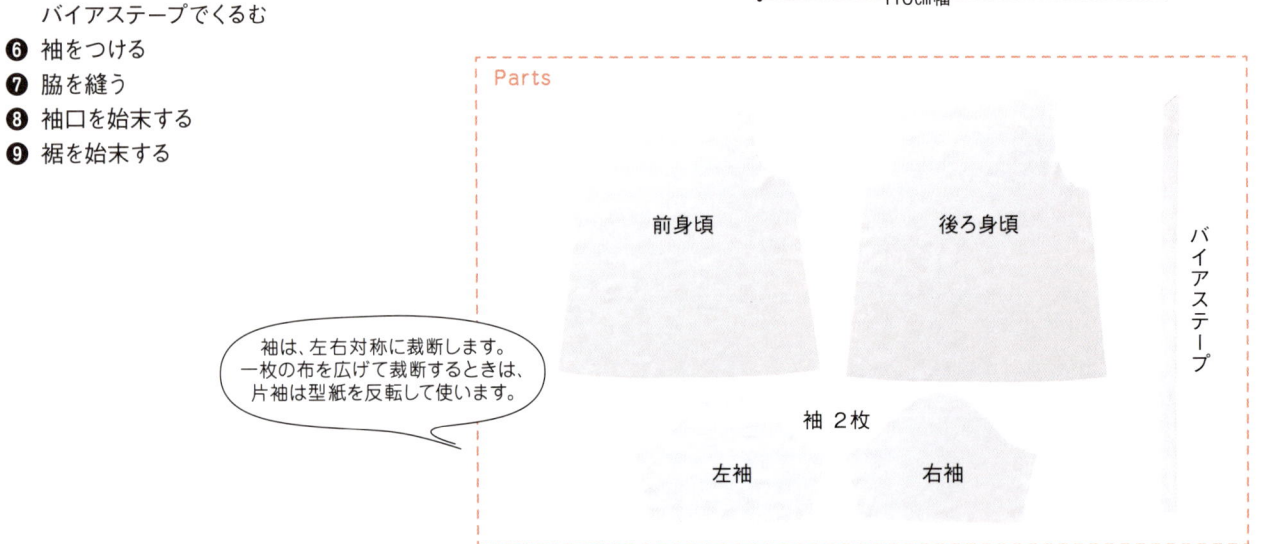

バイアステープ 4×70
160
110cm幅

前身頃　後ろ身頃　左袖　右袖

Parts

前身頃　後ろ身頃　バイアステープ

袖 2枚
左袖　右袖

袖は、左右対称に裁断します。一枚の布を広げて裁断するときは、片袖は型紙を反転して使います。

1. 衿ぐりに伸び止めテープを貼る

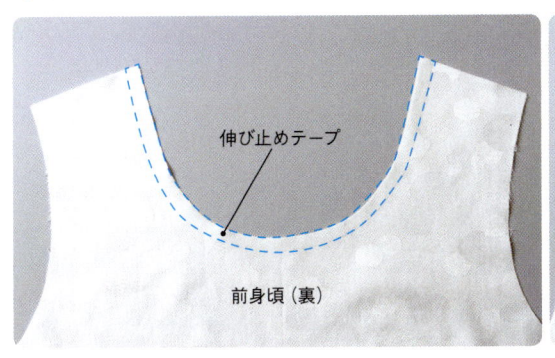

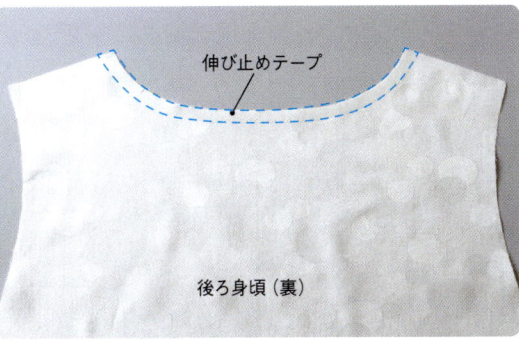

前後身頃とも、衿ぐりの裏面に伸び止めテープを貼る。テープの貼り方はp.13参照。

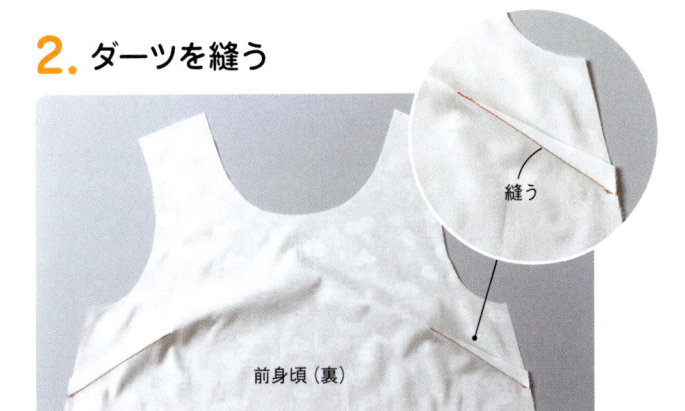

2. ダーツを縫う

前身頃のダーツを縫い（p.72参照）、縫い代を上側に倒してアイロンで押さえる。

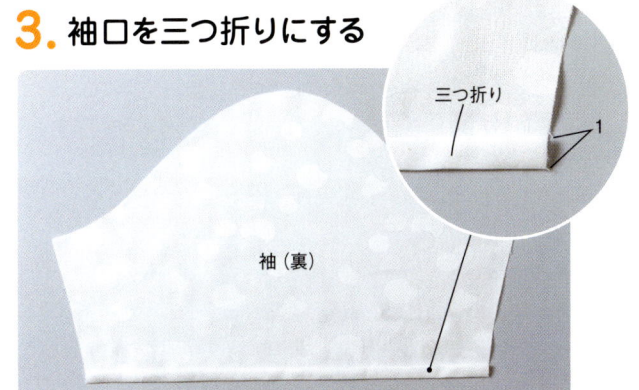

3. 袖口を三つ折りにする

袖口を1cmの完全三つ折りにアイロンで折る。

4. 肩を縫う

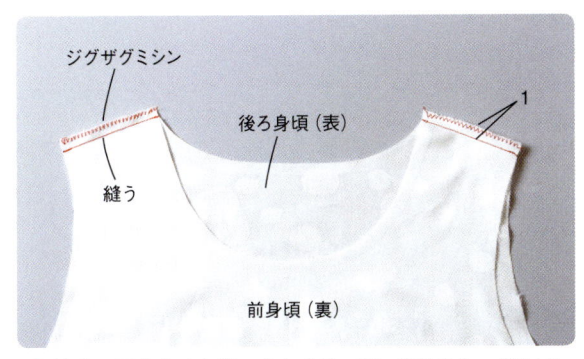

1 前後の肩を中表に縫い合わせる。縫い代は2枚一緒にジグザグミシンで始末する。

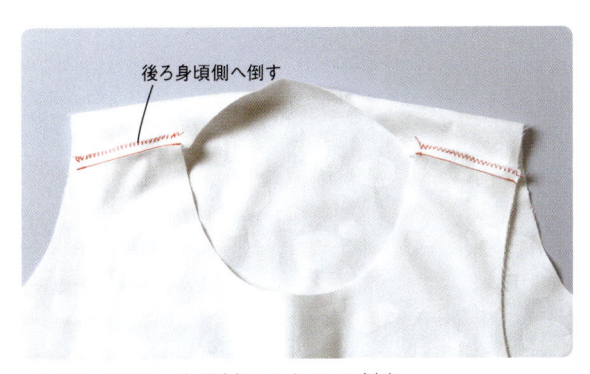

2 縫い代を後ろ身頃側にアイロンで倒す。

5. 衿ぐりをバイアステープでくるむ

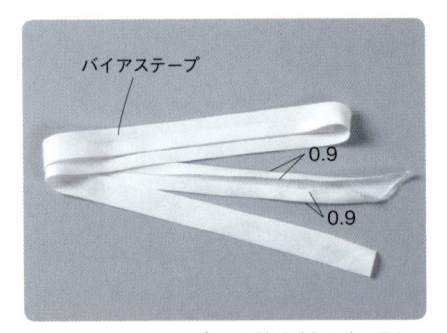

1 バイアステープの両端を折る（p.74、75参照）。

市販のバイアステープでも可。その場合、仕上り幅が1cm程度のものを70cm用意。

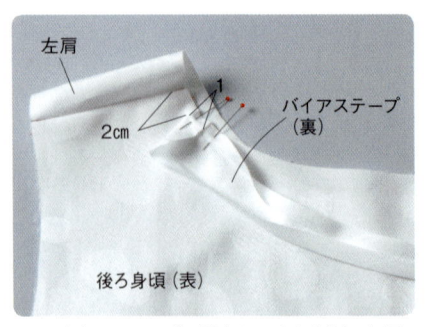

2 バイアステープの端を1cm裏に折り、左肩の2cmくらい後ろに衿ぐりとテープの端を中表に合わせてまち針でとめる。

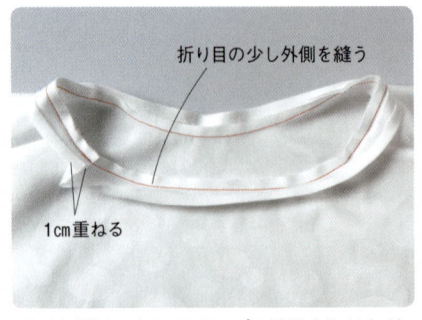

3 衿ぐりとバイアステープの端を合わせながら、折り目の少し外側を縫う。テープの最後は、最初と1cm重ねて縫い、カットする。

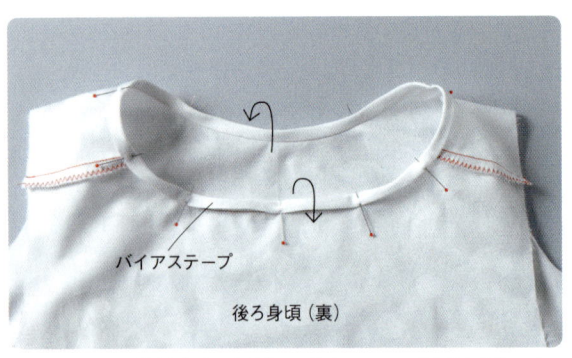

4 衿ぐりの裁ち端をくるむようにバイアステープを裏に返し、まち針でとめる。

5 表からバイアステープの際を縫う。

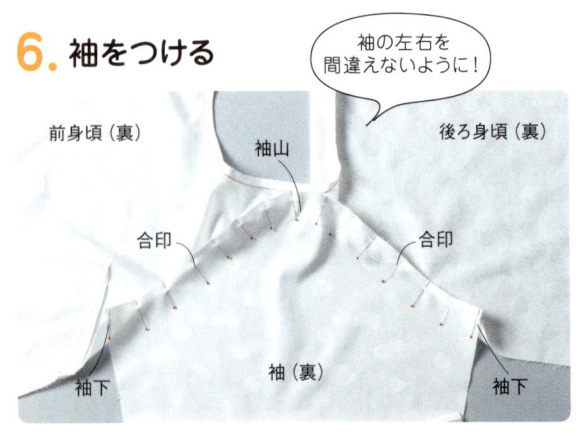

裏側の縫い目がテープから落ちないように注意。

6. 袖をつける

袖の左右を間違えないように！

1 身頃の袖ぐりに袖を中表に合わせてまち針でとめる。

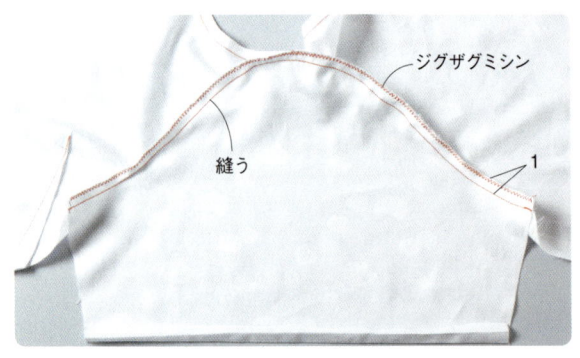

2 袖を縫う。縫い代は2枚一緒にジグザグミシンをかける。合印から合印まで袖山の縫い代を身頃側にアイロンで倒す。

7. 脇を縫う

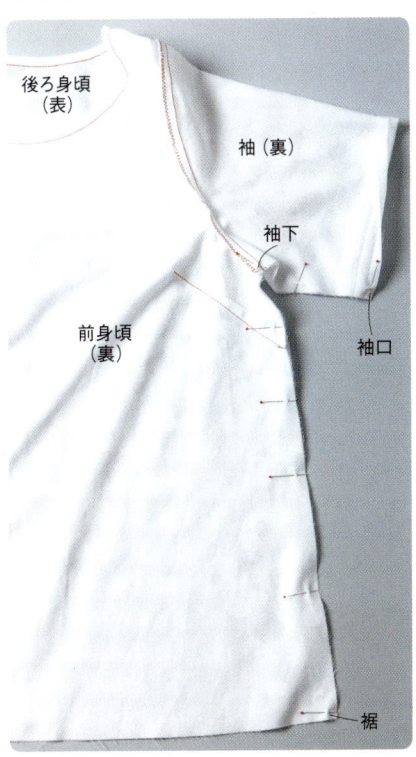

後ろ身頃（表）
袖（裏）
袖下
前身頃（裏）
袖口
裾

1 袖口の三つ折りを開き、前後の袖下と脇を中表に合わせてまち針でとめる。

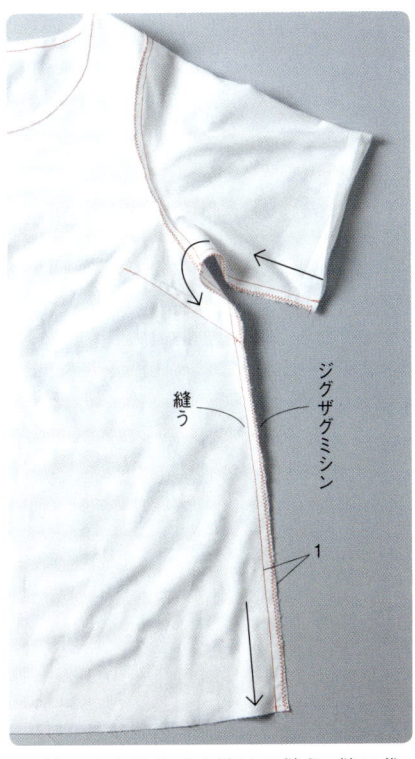

縫う
ジグザグミシン

2 袖口から脇までを続けて縫う。縫い代は2枚一緒にジグザグミシンをかけ、後ろ側へアイロンで倒す。

8. 袖口を始末する

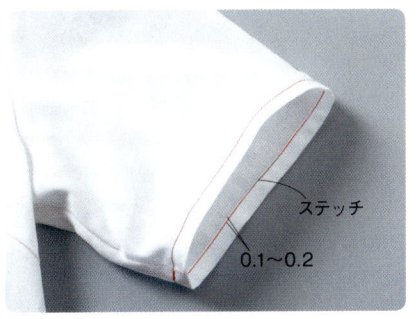

ステッチ
0.1〜0.2

袖口をもう一度三つ折りにしてステッチをかける。

9. 裾を始末する

三つ折り

1 裾を1cmの完全三つ折りにアイロンで折る。

ステッチ

2 ステッチをかける。

Tunic *

出来上がり。

Part 5 つくってみよう！◆ラウンドネックのチュニック

口絵 p.90

g スクエアネックのチュニック　実物大型紙 B面

出来上がり寸法
着丈／S・M 70cm、L 71cm
胸囲／S 94cm、M 98cm、L 102cm

材料
コットン（スラブダンガリー）／110cm幅×160cm
伸び止めテープ／1cm幅×70cm
接着芯／40cm×35cm

作り方順序
1. 衿ぐりに伸び止めテープを貼る
2. ダーツを縫う
3. 袖口を三つ折りにする
4. 肩を縫う
5. 見返しに接着芯を貼る
6. 衿ぐりを始末する
7. 袖をつける
8. 脇を縫う
9. 袖口を始末する
10. 裾を始末する

＊❷、❸、❼〜❿の作り方はP.114 ラウンドネックのチュニック参照。

裁ち合わせ図
※単位＝cm　※ ▨ は接着芯または伸び止めテープ
※縫い代は指定以外1cm

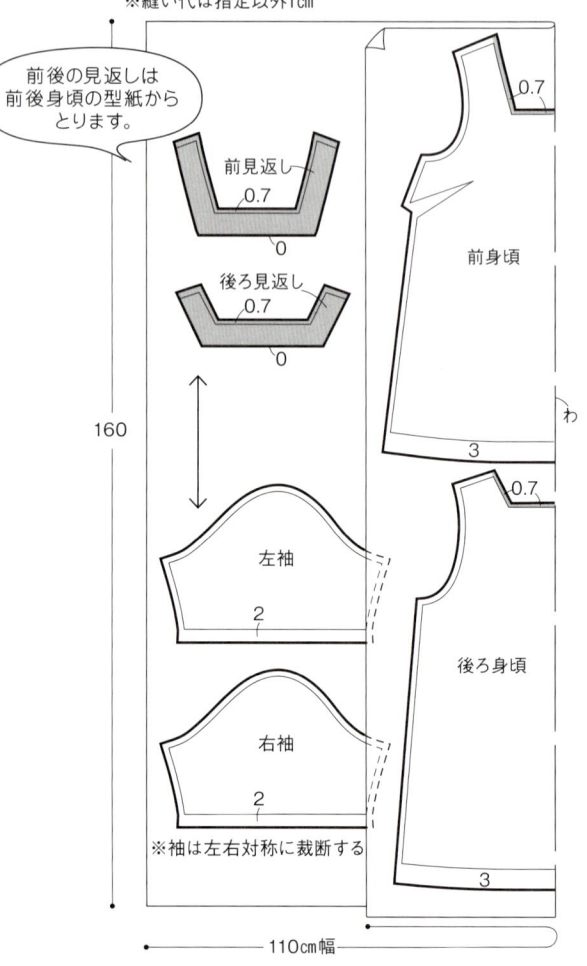

前後の見返しは前後身頃の型紙からとります。

前見返し 0.7 / 0
後ろ見返し 0.7 / 0
前身頃 0.7
後ろ身頃
左袖 2
右袖 2

160
110cm幅
わ
3

※袖は左右対称に裁断する

1. 衿ぐりに伸び止めテープを貼る

前身頃（裏） 伸び止めテープ
後ろ身頃（裏） 伸び止めテープ

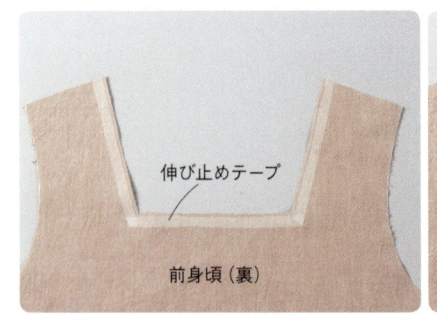

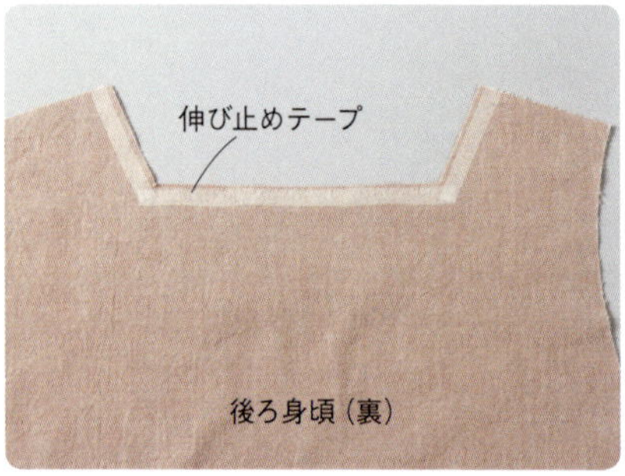

前後身頃とも、衿ぐりの裏面に伸び止めテープをアイロンで貼る（p.13参照）。

4. 肩を縫う

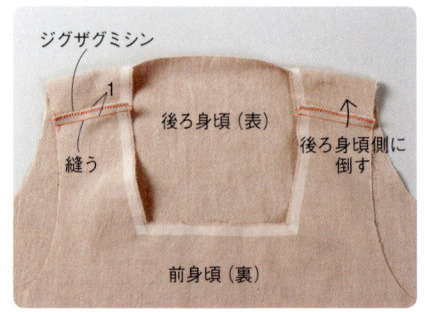

ジグザグミシン
後ろ身頃（表）
縫う
後ろ身頃側に倒す
前身頃（裏）
1

前後の肩を中表に縫い合わせる。縫い代は2枚一緒にジグザグミシンをかけ、後ろ身頃側へ倒す。

5. 見返しに接着芯を貼る

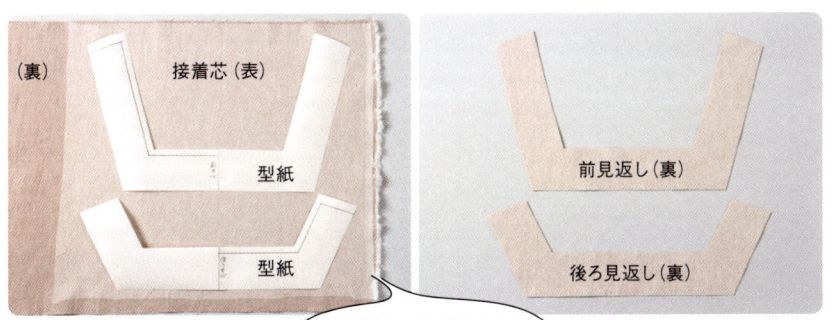

粗裁ち（型紙が入る大きさに、ややおおまかに裁断すること）した布の裏面に接着芯を貼り、見返しを裁断する。

> 芯は縮むことがあるので全面芯のときは芯を布に貼ってから裁断すると安心。

6. 衿ぐりを始末する

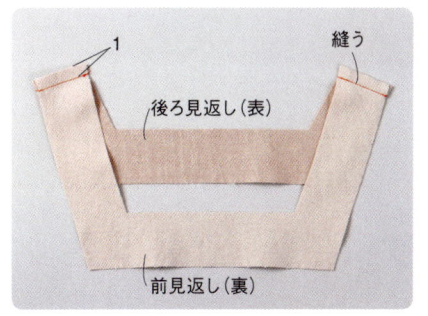

1 前後見返しの肩を中表に合わせて縫う。

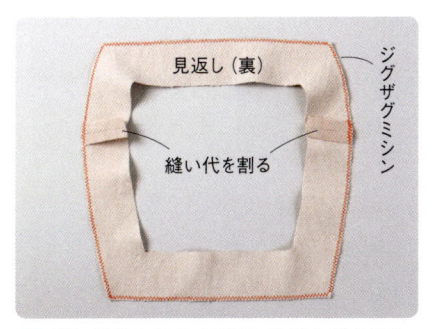

2 縫い代をアイロンで割り、外側の裁ち端をジグザグミシンで始末する。

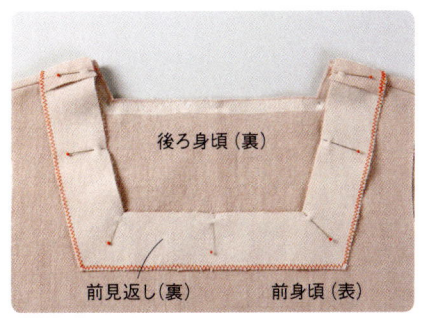

3 前後身頃の衿ぐりと見返しを中表に合わせてまち針でとめる。

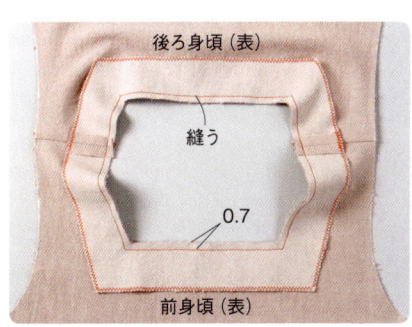

4 衿ぐりを縫う。

> 縫い目を切らないようにぎりぎりまで切り込む。中途半端に切り込むときれいに仕上がりません。

5 角の縫い代に切り込みを入れる。

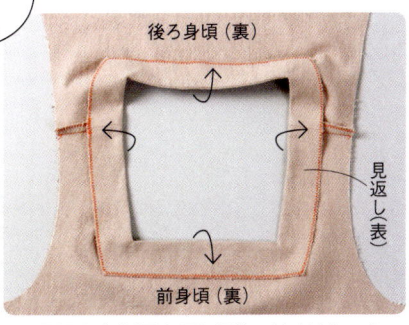

6 見返しを身頃裏面に返して衿ぐりをアイロンで整える。

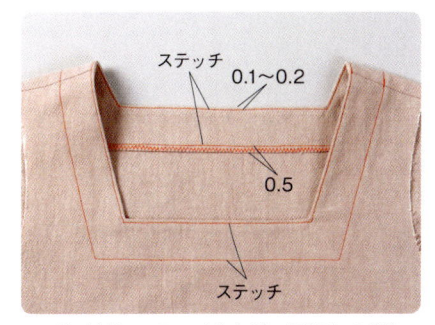

7 衿ぐりにステッチをかけ、見返しの端にもステッチをかけてとめる。

i 子どもパンツ　実物大型紙 B 面

口絵 p.93

出来上がり寸法

股下／15cm、19cm、23cm
ウエスト（ゴム入れ前）／57、60、64cm
ヒップ／58、61、65cm

* サイズは左から80、90、100
* 参考サイズ
  ウエスト／48、49、51cm　ヒップ／50、53、57cm
* 丈を変えるときは、裾線を平行に移動させる。

材料

ジンバブエコットン／110cm幅×50cm
ゴムテープ／1.5cm幅　適宜（ウエスト寸法くらい）

作り方順序

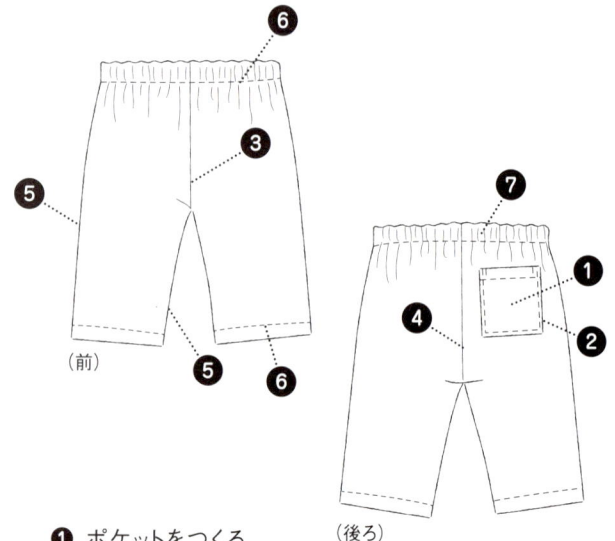

（前）（後ろ）

1. ポケットをつくる
2. 右後ろパンツにポケットをつける
3. 前中心を縫う
4. 後ろ中心を縫う
5. 前後パンツを縫い合わせる
6. ウエストと裾を始末する
7. ウエストにゴムを入れる

裁ち合わせ図

※単位＝cm
※縫い代は指定以外1cm

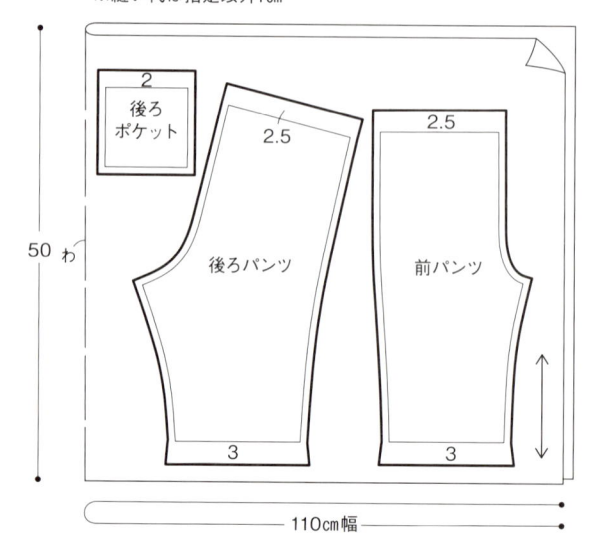

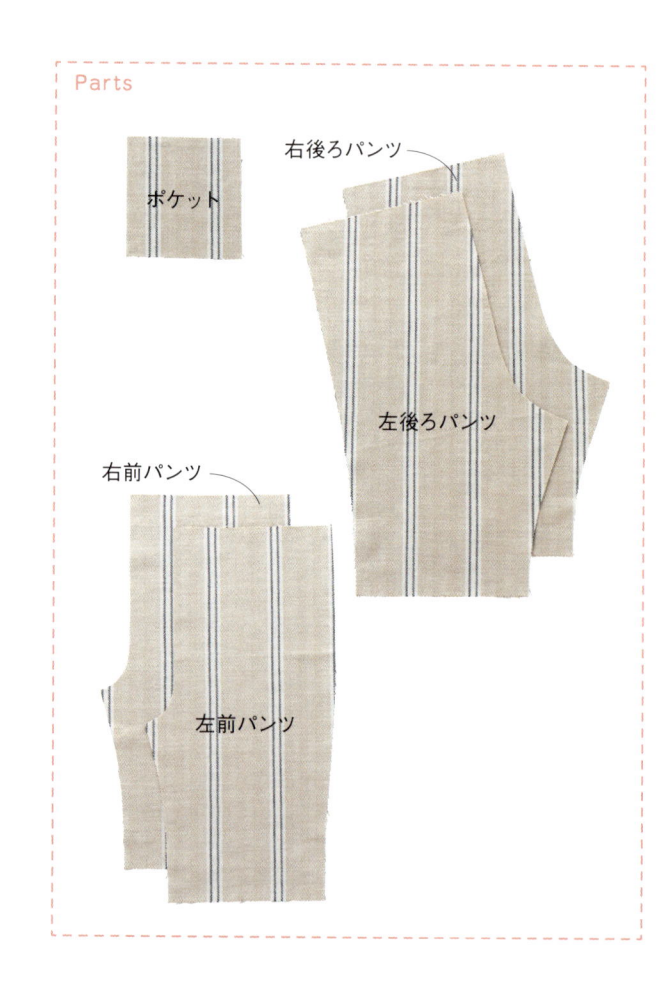

後ろポケット 2
後ろパンツ 2.5
前パンツ 2.5
50 わ
3　3
110cm幅

Parts

ポケット
右後ろパンツ
左後ろパンツ
右前パンツ
左前パンツ

1. ポケットをつくる

> 生地が薄い場合ポケット口は三つ折りにしても。布の厚さや好みで選んで。p.55参照。

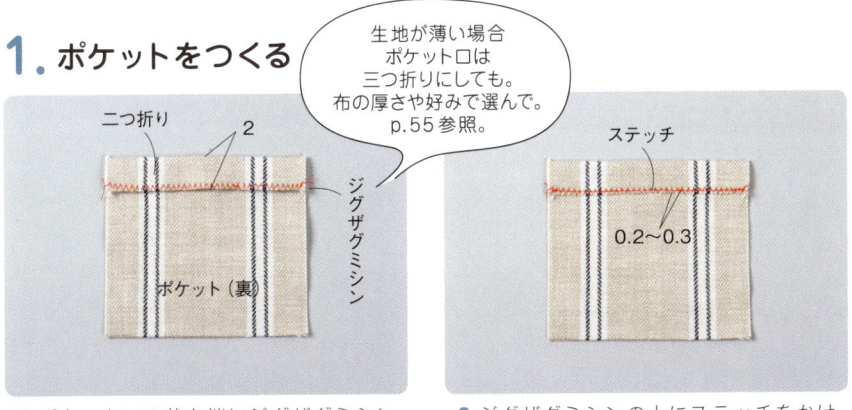

1 ポケット口の裁ち端にジグザグミシンをかけ、出来上がりにアイロンで折る。

2 ジグザグミシンの上にステッチをかける。

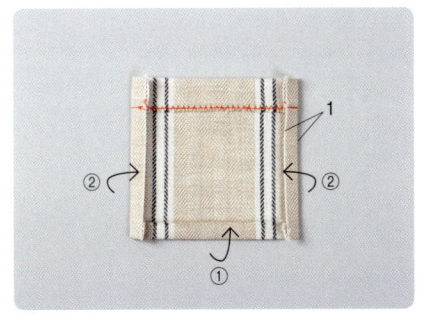

3 ①底、②両脇の順に縫い代をアイロンで折る。

2. 右後ろパンツにポケットをつける

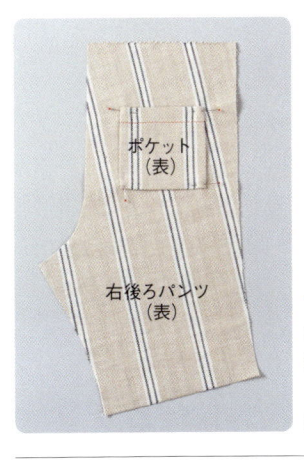

1 右後ろパンツのポケットつけ位置に、ポケットを置き、まち針でとめる。

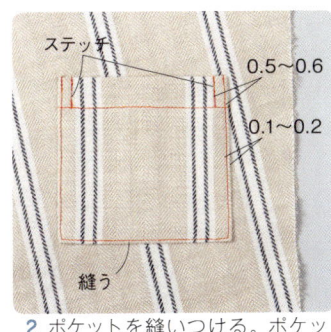

2 ポケットを縫いつける。ポケット口の両端は、内側にもう1本ステッチを入れる。

3. 前中心を縫う

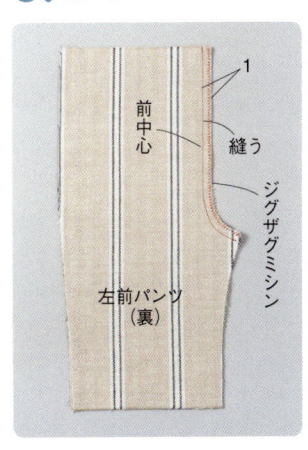

1 左右パンツの前中心を中表に合わせて縫う。縫い代は2枚一緒にジグザグミシンで始末し、左側にアイロンで倒す。

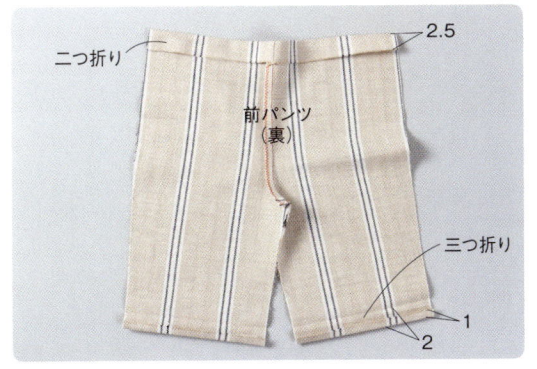

2 ウエストは二つ折りに、裾は三つ折りにアイロンで折る。

4. 後ろ中心を縫う

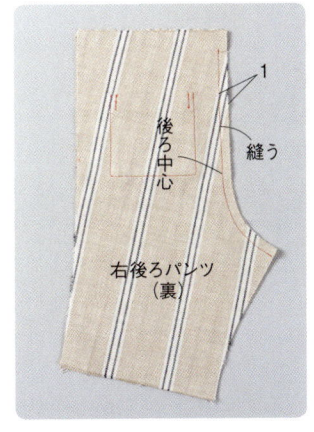

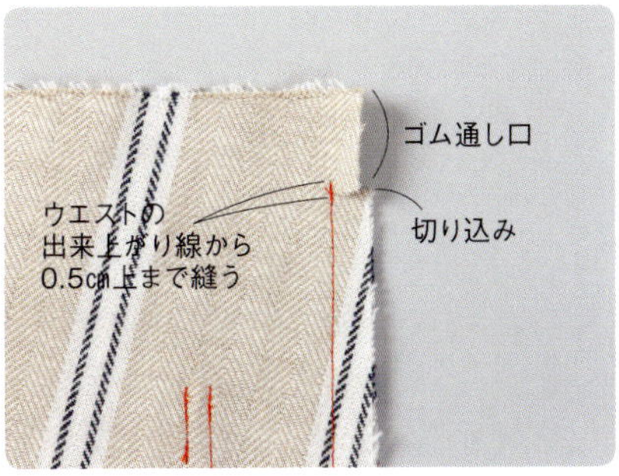

1 左右パンツの後ろ中心を中表に合わせ、ゴム通し口を残して縫う。ウエストの出来上がり線の位置の縫い代に切り込みを入れる。

Part 5 つくってみよう！子どもパンツ

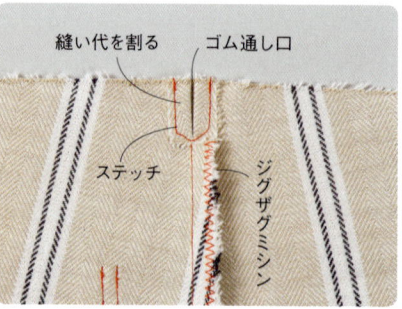

2 切り込みから下の縫い代を2枚一緒にジグザグミシンで始末し、左側へアイロンで倒す。ゴム通し口は縫い代を割ってステッチをかける。

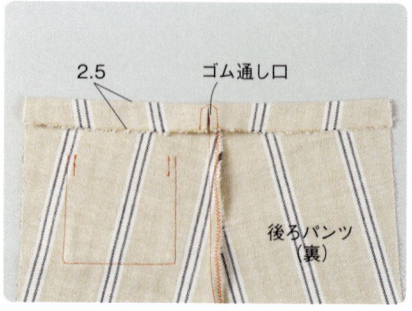

3 前パンツと同様に、ウエストは二つ折りに、裾は三つ折りにアイロンで折る。

5. 前後パンツを縫い合わせる

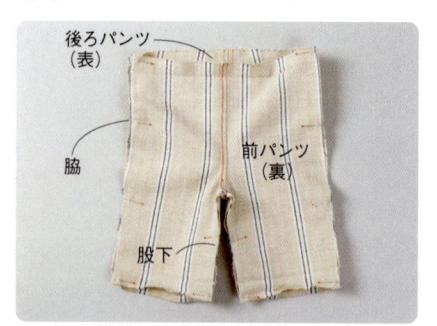

1 ウエストと裾の折り代を開き、前後パンツの脇と股下を中表に合わせてまち針でとめる。

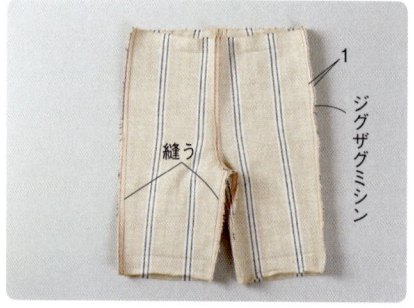

2 脇と股下を縫い、縫い代は2枚一緒にジグザグミシンで始末し、脇は後ろ側へ、股下は前側へアイロンで倒す。

6. ウエストと裾を始末する

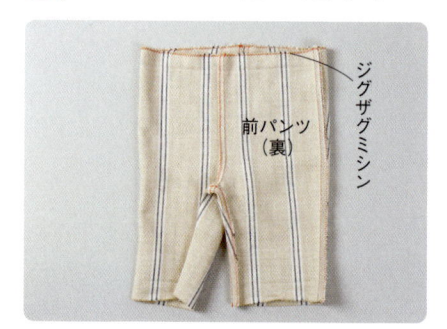

1 ウエストの裁ち端をジグザグミシンで始末する。

2 再びウエストを二つ折りにしてステッチをかける。裾は三つ折りにしてステッチをかける。

7. ウエストにゴムを入れる

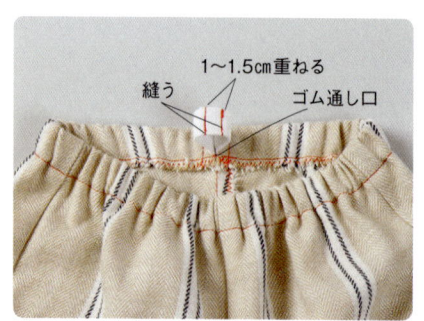

ゴム通し口にゴムテープを入れ、両端を1〜1.5cm重ねて縫いとめる（P.79参照）。

出来上がり。

口絵 p.92 ｈ 七分丈パンツ　実物大型紙 A 面

出来上がり寸法

股下／S、M、L 共通 45cm
ウエスト・ヒップ／S92cm、M96cm、L100cm
（ウエストがゴムなのでヒップ寸法で選ぶ）

* 参考サイズ
  ウエスト／S60cm、M64cm、L68cm　ヒップ／S86cm、M90cm、L94cm
* 丈を変えるときは、裾線を平行に移動させる

材料

ソフトデニム／110cm幅×170cm
ゴムテープ／2cm幅70cm適宜（ウエスト寸法くらい）
伸び止めテープ／1cm幅×40cm
厚紙（ポケットの縫い代を折るときに使う）

作り方順序

1. 後ろポケットをつくる
2. 右後ろパンツにポケットをつける
3. 前パンツに伸び止めテープを貼る
4. 脇を縫い、ポケットをつくる
5. 前中心を縫う
6. 後ろ中心を縫う
7. 前後の股下を縫い合わせる
8. ウエストと裾を始末する
9. ウエストにゴムを入れる

＊❺❻❼❾の作り方は P.120子どもパンツ参照。

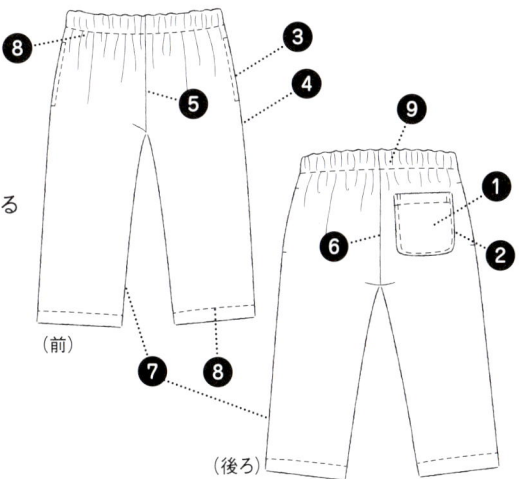

裁ち方図

※単位＝cm　※　　　は伸び止めテープ
※縫い代は指定以外1cm

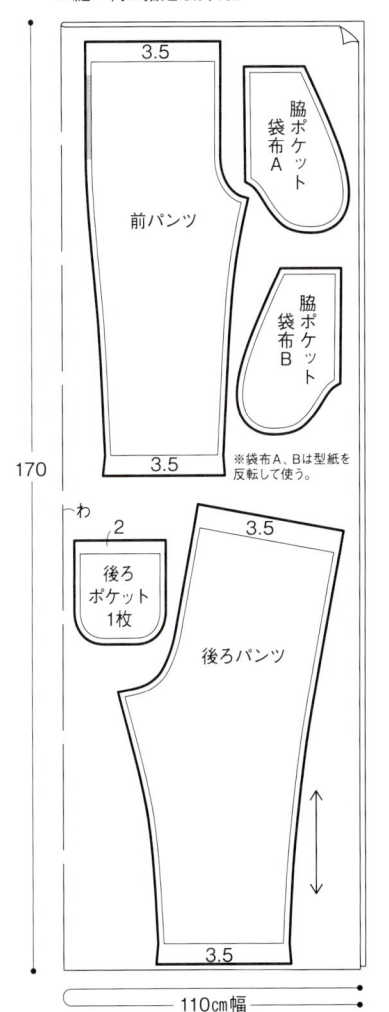

※袋布A、Bは型紙を反転して使う。

1. 後ろポケットをつくる

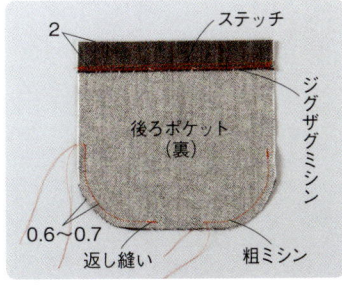

1 ポケット口の裁ち端にジグザグミシンをかけ、出来上がりにアイロンで折ってステッチをかける。底のカーブの縫い代に粗ミシンをかける。

粗ミシンは片側だけ返し縫いしておくと糸を引きやすくなります。

2 ポケットのカーブを写してカットした厚紙を出来上がりの位置に合わせて置き、粗ミシンの糸を1本だけ引いて、カーブにそわせながら縫い代を縮める。

3 縫い代をアイロンで押さえる。このようにすると、カーブをきれいに折ることができる。

4 脇と底の縫い代もアイロンで折る。

2. 右後ろパンツにポケットをつける

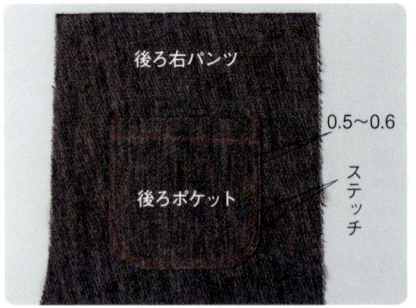

右後ろパンツのポケットつけ位置に、ポケットを縫いつける。内側にもう1本ステッチをかける。

3. 前パンツに伸び止めテープを貼る

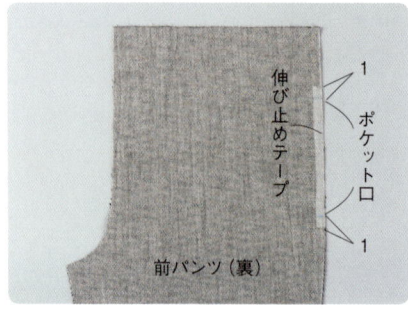

左右前パンツのポケット口裏面に、それぞれ伸び止めテープを貼る。

4. 脇を縫い、ポケットをつくる

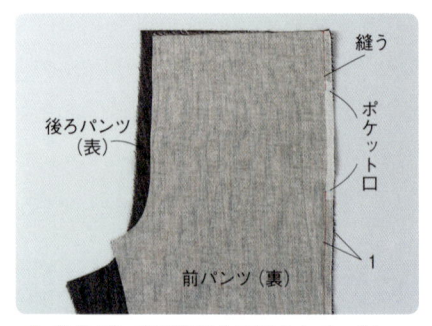

1 前後パンツの脇を中表に合わせ、ポケット口を残して縫う。

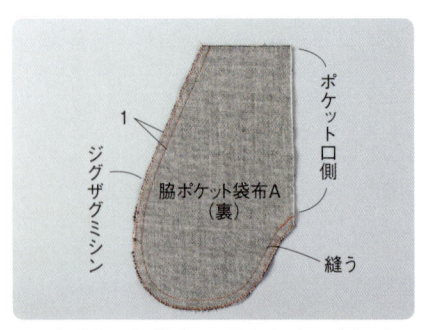

2 脇ポケット袋布A・Bを中表に合わせ、上端とポケット口側以外を縫い合わせる。縫い代は2枚一緒にジグザグミシンで始末する。

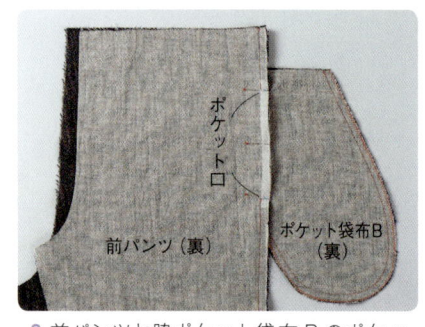

3 前パンツと脇ポケット袋布Bのポケット口を中表に合わせ、まち針でとめる。

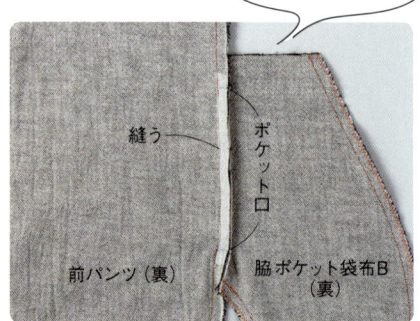

> 後ろパンツと脇ポケット袋布Aは縫わないように気をつけましょう。

4 ポケット口を縫う。

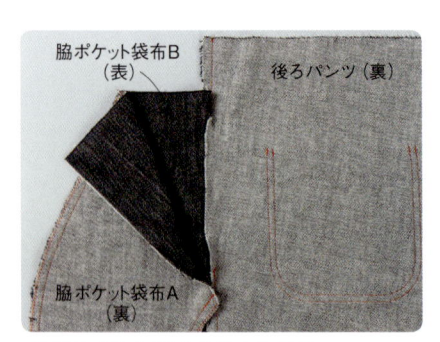

5 後ろパンツ側から見たところ。

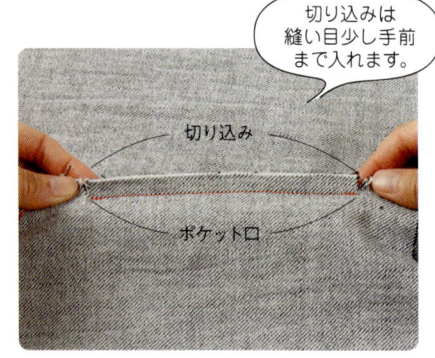

6 ポケット口の両端の縫い代に切り込みを入れる。

> 切り込みは縫い目少し手前まで入れます。

> 切り込みを入れることでポケット口の上下の縫い代を後ろ側にできます。

7 袋布を前パンツ側に倒し、ポケット口上下の縫い代を後ろ側に倒す。

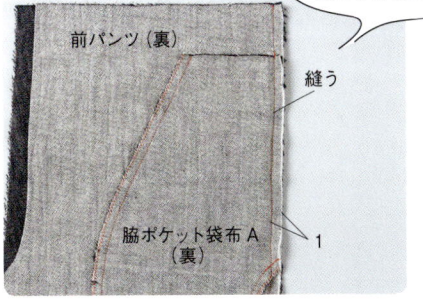

8 後ろパンツと脇ポケット袋布Aのポケット口を縫う。

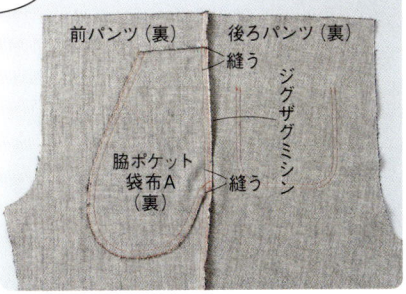

「前パンツと脇ポケット袋布Bを一緒に縫わないように気をつけましょう。」

9 脇ポケット袋布Aのポケット口上下を脇線に重ねて縫う。脇の縫い代を2枚一緒にジグザグミシンで始末し、後ろ側に倒す。

「脇にポケットがついた！」

表から見たところ。

「ステッチは、袋布側からポケットの中をのぞきこむようにするとかけやすいです。」

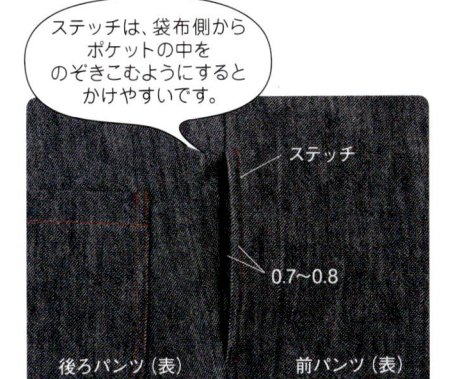

10 前パンツ側のポケット口にステッチをかける。

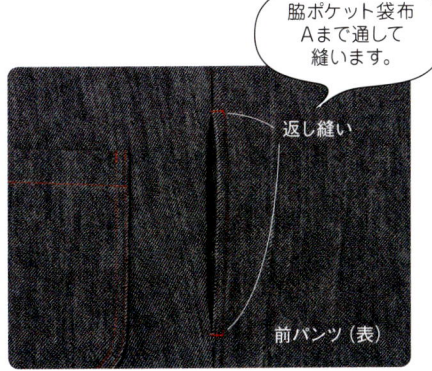

「脇ポケット袋布Aまで通して縫います。」

11 ポケット口の両端は補強のために3～4回返し縫いをしてとめる。

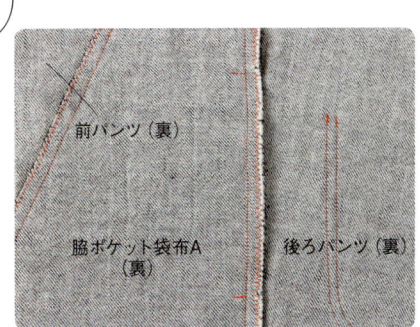

裏から見たところ。

8. ウエストと裾を始末する　＊裾は2.5cm（1＋2.5）の三つ折りにしてステッチをかける

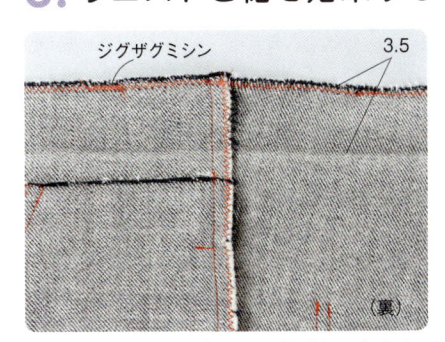

1 裁ち端をジグザグミシンで始末し、出来上がりにアイロンで折る。

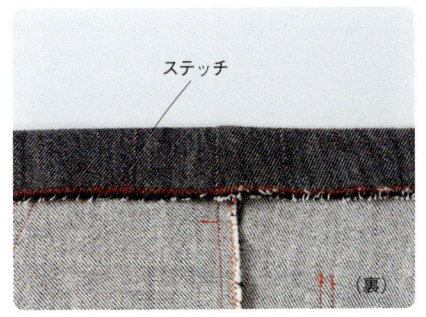

2 脇ポケット袋布の上端をはさんで、ウエストにステッチをかける。

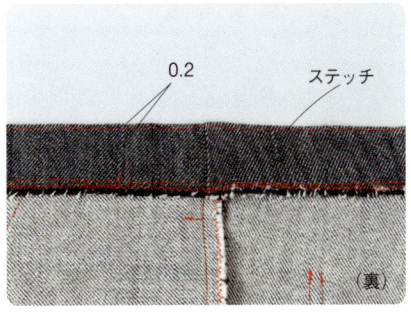

3 上端にもステッチをかける。

INDEX 索引

あ
- 合印 ……………………………… 63,69
- アイロン ………………… 8,11,12,13
- アイロン台 ………………………… 8
- あき止まり ………………… 37,38,39
- 麻 ………………………………… 10
- 足つきボタン ………………… 28,31
- 足踏みミシン …………………… 42
- 厚紙 ……………………………… 123
- 厚地 ……………………………… 43
- 編み地 …………………………… 10
- 粗裁ち …………………………… 119
- 粗ミシン …………………… 73,123

い
- 糸足 …………………………… 28,30
- 糸切りばさみ …………………… 6
- 糸調子 ………………………… 44,47
- 糸通し …………………………… 19

う
- ウール …………………………… 10
- ウエイト ………………… 7,63,66,67
- 上止め …………………………… 80
- 後ろ身頃 ………………………… 62
- 薄地 …………………… 43,53,59
- 裏布 ………………………… 98,111
- 上糸 ………………………… 44,48,60

え
- 衿ぐり …………………………… 62

お
- オープンファスナー …………… 81
- 送り歯 …………………………… 45
- 押え金 ………………………… 45,49
- 押え金の交換 …………………… 49
- 折り代 …………………………… 55
- 折り線 …………………………… 63
- 織り地 …………………………… 10
- 折り幅 …………………………… 55
- 折り伏せ縫い …………………… 57
- 折り山 …………………………… 55

か
- 返し口 ……………………… 100,103
- 返し縫い …………………… 24,51,53
- 返し縫いボタン …………… 44,51,53
- 化学繊維 ……………………… 10,59
- かぎホック ……………………… 33
- 肩 ………………………………… 62
- 片押え …………… 49,80,109,112
- 片返し …………………………… 54
- 型紙 ……………… 7,62,63,64,65
- 型紙の記号 ……………………… 63

き
- カッティングマット ………… 7,67
- 角の縫い方 ……………………… 52
- 釜 ……………………………… 45,47
- 柄合わせ ……………… 67,75,100
- 仮止め …………………………… 16
- 完全三つ折り …………………… 55

き
- 着丈 ……………………………… 62
- 絹 ………………………………… 10
- 逆開オープンファスナー ……… 81
- ギャザー ………………………… 73
- 曲線の縫い方 …………………… 52
- 切り込み ……………………… 105
- 霧吹き …………………………… 8
- 金属ファスナー ………………… 80

け
- 消しペン ………………………… 8

こ
- コイルファスナー ……………… 80
- 工業用ミシン …………………… 43
- コットン ………………………… 10
- ゴム通し ………………………… 8
- ゴム通し口 ………………… 79,122
- コンシール押え ………………… 80
- コンシールファスナー ………… 80
- コンピューターミシン ………… 42

さ
- 採寸 ……………………………… 62
- 裁断 …………………………… 7,67,68
- 三角チョーク ………………… 7,68
- 参考ヌード寸法 ………………… 62

し
- 仕上がり寸法 …………………… 62
- ジグザグミシン ………… 43,54,59
- 刺しゅうミシン ………………… 42
- 下糸 ………………………… 46,47,60
- 下止め …………………………… 80
- しつけ ………………………… 8,16
- しつけ糸 ……………………… 8,16
- 実物大型紙 ………………… 62,63
- 職業用ミシン …………………… 42
- シルク …………………………… 10
- 印つけ …………………… 7,68,69

す
- 水性チャコペン ………………… 8
- 垂直釜 ………………………… 42,47
- 水平釜 ……………………… 42,45,47
- スカート丈 ……………………… 62
- 裾 ………………………………… 62
- 裾幅 ……………………………… 62
- スタート・ストップボタン … 44,46,51
- ステッチ ……………………… 27,44

す
- 捨てミシン ……………………… 54
- スナップ、スナップボタン …… 32
- スプリングホック ……………… 33
- スライダー ……………………… 80
- スレダー ………………………… 19

せ
- 製図 ……………………………… 62
- 接着芯 …………………… 11,12,119
- 接着テープ ……………………… 13
- セルフ針 ………………………… 19

そ
- ソーイングボックス ……………… 9
- 底 …… 37,38,39,67,95,100,105
- 袖 ………………………… 62,114
- 袖口 ………………………… 62,65
- 袖ぐり …………………………… 62
- 袖下 ……………………………… 62
- 袖丈 ……………………………… 62
- 袖山 ……………………………… 62
- 外表 ………………………… 10,66

た
- ダーツ ………………………… 65,69,72
- ダーツ止まり …………………… 69
- 竹定規 …………………………… 6
- 裁ち合わせ図 …………………… 64,66
- 裁ちばさみ ……………………… 6,68
- 裁ち端 ………………… 14,54,55,59
- 裁ち端の始末 ………………… 54,56,59
- タック …………………………… 70
- 経糸(たていと) ………………… 10
- たてまつり …………………… 34,35,38
- 玉止め …………………………… 23
- 玉結び …………………………… 21
- 試し縫い ………………………… 50

ち
- 力ボタン ………………………… 31
- 地直し …………………………… 11
- チャコペーパー ……………… 7,69
- チョークペンシル …………… 6,68
- 直線縫い ………………………… 50

つ
- つき合わせる …………………… 63

て
- テープメーカー ………………… 75
- 出来上がり寸法 ………………… 62
- 出来上がり線 …… 14,15,63,64,66
- 手縫い糸 ………………………… 18
- 手縫い針 ………………………… 18
- 電子ミシン ……………………… 42
- 電動ミシン ……………………… 42
- 天秤 ……………………………… 45

と
トレーシングペーパー ………… 58,59

な
中表 ……………………………… 10,66
中とじ …………………………… 103
流しまつり ……………………… 34
並縫い …………………………… 24,27

ぬ
縫い代 ………… 54,56,64,65,76
縫い代の始末 ………… 54,56,76
縫い代のつけ方 ……………… 64,65
縫い代を割る ………………… 11,54
布・布地 ………………………… 10
布幅 ……………………………… 10
布目 ……………………………… 10,11,66
布目線 …………………………… 10,63

の
ノッチ …………………………… 69
伸び止めテープ
　………………… 13,108,111,115,118

は
バイアス ………………………… 10
バイアステープ
　………………… 74,75,76,77,95,116
パイピング ……………… 76,95,116
パイピングテープ ……………… 83
接ぐ ……………………………… 75
端ミシン ………………………… 54,59
はずみ車 ………………………… 44
パターン ………………………… 63
ハトロン紙 ……………………… 7,63
針穴 ……………………………… 18
針板 ……………………………… 45,50
針供養 …………………………… 19
針の交換 ………………………… 49
針を落とす ……………………… 52
針を下ろす ……………………… 52
針を返す ………………………… 22
半返し縫い ……………………… 24
パンツ丈 ………………………… 62
番手 ……………………………… 18

ひ
引き手 …………………………… 80
ビスロンファスナー …………… 80
ビニールコーティング ………… 58
ひも ……………………………… 84
ひも通し ………………………… 8,38,78
ひも通し口 ……………………… 38,39,78
ピンクッション ………………… 6
ピンタック ……………………… 71

ふ
ファスナー …… 80,81,109,111,112

プーリー ………………………… 44
袋口 ……………… 38,39,40,96,103
袋縫い ………… 37,38,40,56,59
二つ穴ボタン …………………… 28,29
二つ折り ………………… 10,55,121
縁どり …………………… 76,95,116
普通地 …………………………… 43
フットコントローラー
　………………………… 42,44,51,60
フラットニットファスナー …………… 80

ほ
方眼定規 ………………………… 7,64
ポケット ………… 96,99,121,123,124
ポケット位置 …………………… 69
ポケット口 ……………………… 13,124
ボタン …………………………… 28
ボタンつけ ……………… 28,29,30,31
ボタンつけ糸 …………………… 18
ボタンホール …………………… 42
ホック …………………………… 33
ボックスプリーツ ……………… 70
ほどき方 ………………………… 60
ボビン …………… 42,44,45,46,47
ボビンケース …………………… 47
本返し縫い ……………………… 24
本縫い …………………………… 50

ま
前身頃 …………………………… 62
股上 ……………………………… 62
股下 ……………………………… 62
マチ ……………………………… 95,100
まち針 …………………… 6,14,15,53
マチを縫う ……………………… 95,100
まつり縫い ……………………… 34

み
見返し …………………………… 118,119
見返し線 ………………………… 63
ミシン …………………………… 42,43
ミシン糸 ………………………… 43
ミシン針 ………………………… 43,49
水通し …………………………… 11
三つ折り ………………… 38,55,99,121
耳 ………………………………… 10

む
務歯 ……………………………… 80
結び玉 …………………………… 21,23

め
目打ち …………………………… 6,60,105
メジャー ………………………… 6
メリケン針 ……………………… 18
綿 ………………………………… 10

も
持ち手 …………………………… 84,97,101

ゆ
裄丈 ……………………………… 62
指ぬき …………………………… 8,22

よ
羊毛 ……………………………… 10
緯糸（よこいと） ……………… 10
四つ穴ボタン …………………… 28,30

り
リッパー ………………………… 8,60
リネン …………………………… 10
両開きファスナー ……………… 81

る
ルレット ………………………… 7,65,69

ろ
ロータリーカッター …………… 7,67
ロックミシン …………………… 43

わ
わ ………………………… 10,39,63,66
脇 ………………………………… 62
和針 ……………………………… 18
割り伏せ縫い …………………… 56,106

監修者 ◆ 水野佳子（みずの よしこ）

ソーイングデザイナー。1971年生まれ。文化服装学院アパレルデザイン科卒。アパレル会社アトリエ・企画室勤務を経てフリーランスに。縫うことを中心に、ソーイング雑誌や書籍、衣装製作、講師など、幅広い分野で活躍中。著書に「きれいに縫うための基礎の基礎」（文化出版局）「フェイクファーの小物 ふわふわ・モコモコがかわいい」（日本ヴォーグ社）など。

材料・用具提供

◆ 用具・生地
清原㈱
大阪市中央区南久宝寺町4-5-2
tel.06-6252-4371
（p.86 ⓐ・ⓑ トートバッグ、p.89 ⓓ・ⓔ ポーチ、p.90 ⓖ スクエアネックのチュニック、p.92 ⓗ・ⓘ パンツ）

◆ 生地
fabric-store
tel.0795-37-0335
https://www.fabric-store.jp/
（p.36 ⓙ・ⓚ・ⓛ 巾着3種、p.90 ⓕ ラウンドネックのチュニック）

◆ ミシン
ブラザー販売㈱
名古屋市瑞穂区苗代町15番1号
tel.052-824-3311
http://www.brother.co.jp/

◆ 糸
㈱フジックス
京都市下京区室町通高辻上る山王町569番地
tel.075-744-0925

◆ 撮影協力
植山グループ（fabric-store）
tel.0795-37-0335

デザイン・レイアウト	◆ 成田由弥（moca graphics*）
撮　影	◆ 中辻　渉（プロセス）
	◆ 永田智恵（作品）
スタイリング	◆ 井上輝美
トレース	◆ 大森裕美子（tinyeggs studio）
型紙トレース	◆ ㈱ウエイド
校　正	◆ 橋本麻理
編　集	◆ 福井順子
プロデュース	◆ 高橋インターナショナル

これならできる！ みんなの教科書
ソーイングきほんの基本

監 修 者　水野佳子
発 行 者　高橋秀雄
発 行 所　株式会社 高橋書店
　　　　　〒170-6014　東京都豊島区東池袋3-1-1　サンシャイン60 14階
　　　　　tel.03-5957-7103

ISBN978-4-471-40086-6　　©Takahashi International　　Printed in Japan

定価はカバーに表示してあります。
本書および本書の付属物の内容を許可なく転載することを禁じます。また、本書および付属物の無断複写（コピー、スキャン、デジタル化等）、複製物の譲渡および配信は著作権法上での例外を除き禁止されています。

本書の内容についてのご質問は「書名、質問事項（ページ、内容）、お客様のご連絡先」を明記のうえ、郵送、FAX、ホームページお問い合わせフォームから小社へお送りください。
回答にはお時間をいただく場合がございます。また、電話によるお問い合わせ、本書の内容を超えたご質問にはお答えできませんので、ご了承ください。本書に関する正誤等の情報は、小社ホームページもご参照ください。

【内容についての問い合わせ先】
　書　面　〒170-6014 東京都豊島区東池袋3-1-1　サンシャイン60 14階 高橋書店編集部
　FAX　03-5957-7079
　メール　小社ホームページお問い合わせフォームから（https://www.takahashishoten.co.jp/）
【不良品についての問い合わせ先】
　ページの順序間違い・抜けなど物理的欠陥がございましたら、電話03-5957-7076へお問い合わせください。
　ただし、古書店等で購入・入手された商品の交換には一切応じられません。